문학과지성 시인선 622

우리는 모두 이불에서 태어난걸요

봉주연 시집

문학과지성사

문학과지성 시인선 622
우리는 모두 이불에서 태어난걸요

펴낸날 2025년 8월 31일

지은이 봉주연
펴낸이 이광호
주간 이근혜
편집 유하은 윤소진 김필균 허단 최은지 김다연
마케팅 이가은 허황 최지애 남미리 맹정현
제작 강병석
펴낸곳 ㈜문학과지성사
등록번호 제1993-000098호
주소 04034 서울 마포구 잔다리로7길 18(서교동 377-20)
전화 02)338-7224
팩스 02)323-4180(편집) / 02)338-7221(영업)
대표메일 moonji@moonji.com
저작권 문의 copyright@moonji.com
홈페이지 www.moonji.com

ⓒ 봉주연, 2025. Printed in Seoul, Korea

ISBN 978-89-320-4434-7 03810

이 책의 판권은 지은이와 ㈜문학과지성사에 있습니다.
양측의 서면 동의 없는 무단 전재 및 복제를 금합니다.

문학과지성 시인선 622

우리는 모두 이불에서 태어난걸요

봉주연

시인의 말

거기에 돌부리가 있다는 말을 다섯 번쯤 듣고도
같은 곳에 걸려 넘어졌다.

그러자 당신은 내가 넘어질 곳에 습기 머금은 흙을 덮어주기 시작했다.

2025년 8월
봉주연

우리는 모두 이불에서 태어난걸요
차례

시인의 말

1부
공원 설계 도면　9
내일은 말고 어둠만 오라　10
장소력(場所歷)　12
덜미　14
계단참　16
식물 식별 의지　18
식물 식별 능력　20
물고기는 알아서 한다　21
사생활과 동거 감각　24
우리가 가까이 산다면 수박을 반 덩이씩 나눠 가질 수 있을 텐데　26
번성　28
손다운 손　30
내밀의 빛　32
적응　34
일조권 사선제한　36

2부

독도법　41

주소력(住所歷)　42

녹천　44

야영장 설계 도면　46

정전 설계 도면　49

미술관 관람 속력　51

절화 꽃다발　54

결계　56

해로운 장난　58

이로운 농담　60

연대　62

신앙　64

평택 안정리 양장점　66

This video is playing in picture in picture　68

[1보] [9보] [12보]　71

청진　74

폐곡선으로 닫기　77

3부

여우의 귓바퀴　81

인터로킹　82

거리 감각　84

모과　87

조계지　90

증축　92

과일을 나눠 먹는 사이는 정해져 있다　94

운동회　97

방학식　100

풍경을 홀겨보기　102

객토　105

해발　108

해루질　110

프로토콜　112

우전　115

4부

물수제비뜨기 좋은 돌　119

외연　120

대체 가능한 사람　121

투명도　124

윤곽　126

해설

나 여기 있고, 너 거기 있지 · 하혁진　127

1부

공원 설계 도면

건물이 철거된 자리에 생긴 공원은 크지 않았다.
이 안에서 길을 잃고 헤맸던 적이 있어.
공원이 무척 클 거라 생각했다.

이쯤에서 길을 잃었겠다.

방을 떠난 이후에 방을 실감한다.
우린 그때 거기에 있었다.

내일은 말고 어둠만 오라

오늘은 늦게 들어올 거야. 먼저 자고 있어.

항상 이부자리가 펼쳐져 있는 안방에서는 옅은 기름 냄새가 났다. 펼쳐놓은 옷가지에도 밴 기름 냄새. 계절에 맞는 옷이 없네. 요 위로 펼쳐놓은 옷들은 전부 검은색이나 회색이었는데. 이불에 누워 사진을 넘겨 본다. 사람 앞에서 사람이 담긴 영상을 재생하고 되감기. 보름 내내 우산 펼 일이 없다가 마지막 날에 비가 내렸지. 숙소를 옮기지 않고 한 도시에서 지내는 건 생각보다 나쁘지 않았다. 그런데 정말 마지막 날에 비가 내린 게 맞아? 우산을 든 사진이 하나도 없다. 사진을 넘긴다. 서로가 서로를 바라보는 환한 얼굴로 가득했다.
셔츠는 젖을 것이다. 등에 주름이 잡힐 것이고 겉옷은 습기를 머금고…… 따뜻함은 얇을 것이고. 서늘한 건물 안에선 내가 실내에 있단 것을 계속 상기하게 되던데. 여기가 우산 아래란 사실을 얼마나 자주 생각하니. 이 아래에서 비를 피한 어깨가 무수하다. 사진을 넘긴다.
여기 기억나? 진열장 앞에서 케이크를 고르지 못해 한참을 서 있었던 거. 나무라던 그의 목소리는 카메라에 담기지 않았다. 사실 첫눈에 무엇을 고를지 결정했었어. 너무 일찍 고르면 빨리 밖으로 나가야 하잖아. 나는 밤을 좋아했는데 잠을 자야 해서 밤이 싫어지더라.

  오늘 밤 잠에 들지 않는다면 네가 집에 들어오는 얼굴을 볼 수 있을 텐데. 바깥에서 네가 짓는 표정을 보지 못해 나는 너에게 저항할 수 있다. 당신은 어떤 등으로 울고 있었습니까. 사진을 넘길수록 상상에 잠긴다. 네가 외출 준비를 하는 동안 내가 눈을 떼지 못한 건 나의 자라나는 모습이었다. 현관문이 닫히고 더 넘겨 볼 사진이 없었다.

  늦지 않게 오세요.

  늦더라도 오세요.

장소력(場所歷)

 이곳도 곧 떠나야 합니다.

 오른쪽으로 가고 싶으면 오른 다리를, 왼쪽으로 가고 싶으면 왼 다리를 살짝 들어보세요. 설원은 기울어 있다. 아버지의 다리 사이에서 눈을 감았다. 여러 번 언덕을 오르내렸다. 눈을 감고서도 우리가 어느 쪽으로 향하는지 알 수 있었다. 가는 다리에 번갈아 힘을 주었다. 신호를 기다리는 동안에도 단단함 속에 있다. 내가 그랬다는 걸 기억하세요? 우리가 치우칠 때마다 번갈아 힘을 줬어요.

 놀이터를 떠나는 아이들은 집으로 가는 길을 따로 외우지 않는다.
 손가락의 양식을 알려줄 순 있는데.

 엉덩이를 살짝 들어보세요. 바지를 내리고 엉덩이 아래로 쓰레받기처럼 생긴 것을 집어넣으면 된다. 동작이 끊겼다 이어졌다 끊겼다⋯⋯ 아버지, 다리에 힘을 줘보세요. 처음 해보는 일은 순서를 기억해야 해요. 힘을 주세요. 힘을 줬던 감각을 기억하세요? 뒤를 돌아선다.

또래 아이들은 놀이터에서 망설임이 없다. 내 뒤로 올라오는 아이가 밧줄을 잡아당긴다. 허벅다리가 쓸린다. 처음엔 뒤를 돌아보기도 했다. 등 뒤에서 목소리가 겹쳐 들린다.

나의 집은 여기에 있고 그 위로 반드시 거기가 따라옵니다.*
이제는 집이 너무 무거워요.

봄이 되면 이사를 할 거예요. 이 얘기를 처음 꺼내.
새로운 집의 첫번째 손님이 되는 것과 떠날 집의 마지막 손님이 되는 일 중에서 하나를 골라보세요.

내일 현관문을 열었을 때도 오늘과 같이
이 집을 사랑하기 위하여.

* "여기here가 있다고 반드시 거기there가 따라오는 것은 아니라는 것이지요."(이-푸 투안, 『공간과 장소』, 윤영호·김미선 옮김, 사이, 2020, p. 55).

덜미

맞은편으로 사람이 오자
우리는 한 줄을 만들었다.

강가에 흰 새가 잠들어 있다.
수풀 속에서 풀벌레 소리가 들린다.
손목시계가 멈춰 있다.

올려 묶은 머리
네 뒷목의 제비초리를 본다.

옛사람들에게 인형극은 덜미였대. 덜미가 잡힌 인형들. 천막 뒤에서 인형을 움직이는 사람에겐 덜미가 전부였다. 관객들은 인형의 얼굴을 보겠지만 그 뒷목을 본 이는 영원히 천막 뒤에 감춰진 사람이 되고 싶어진다.

인형극이 끝나고 사람들은 마음을 둥글게 감아 정리하면서 서로 오래 감춰온 이야기를 꺼낸다. 그들 사이의 무언가 달라져 있고 더는 서로의 앞에선 머리를 고쳐 묶지 않게 된다.

고백은 가슴속이 아니라 뒷목에 담겨 있다.

가로등이 켜지는 순간 사람들은 짧게 탄식했다.
저녁의 정체를 밝혀냈다는 듯.

수풀 속에서 계속 풀벌레 소리가 들린다. 나는 그 소리가 좋고
너는 꼭 벌레가 튀어나올 것만 같다고 무서워한다.

맞은편으로 사람이 지나가고
우리는 다시 나란히 걷는다.

녹슨 농구대 옆
전광판에는 시간도 표시된다.

각자의 집으로 향하는 갈림길이 가까워졌다.

계단참

성당의 종탑은 한 줄 계단. 제자리에서 방향을 바꾸는 것이 전부입니다. 건물을 나올 때 길을 잃곤 합니다. 종탑 꼭대기에서 내려다보는 전망. 시장이 저기 있구나, 센강이 보인다, 우리는 저 다리를 건너왔습니다. 성당에서 나가 어디로 가야 할지 생각합니다. 다시 계단을 감싸며 제자리를 돕니다. 외할머니 집 냄새가 아직도 기억나요. 살면서 그런 냄새를 어떤 곳에서도 맡아본 적 없습니다. 무엇과도 섞이지 않을 수 있어서 오래도록 살아남은 냄새. 나무로 된 집은 발이 닿는 곳마다 윤이 나고. 칠이 되었던 것일 수도 있지. 아버지는 제과점에 들러 나에게 케이크를 고르라고 했습니다. 건딸기 가루가 뿌려진 생크림케이크와 샴페인을 들고. 할머니는 외삼촌에 대해 말했어요. 외삼촌의 손에 들린 연필 한 자루. 엄마의 이마 한가운데엔 웃을 때마다 보이는 힘줄과 회색 점. 외삼촌이 엄마의 이마를 연필로 찍었다고 합니다. 외할머니 집엔 지하실이 있어요. 층계가 높아 사다리를 타듯 엉덩이를 대고 앉아 한 발, 한 발…… 세 칸 정도 내려가면 계단 아래로 보이는 것은 암흑뿐입니다. 더 깊어지는 집의 냄새. 나는 한 번도 지하실에 다다르지 못했습니다. 말 장난감은 공기 주머니를 누르면 몇 센티미터씩 뛰어오릅니다. 어떻게 갖고 놀아야 할지를 몰라 그냥 손에 쥐고 있었어요. 나와 몇 마리의 경주마는 당신의 등 뒤에 업혀 있습니다. 우리는 느리게 계단을 올라갑니다. 주먹을 쥐면 튀어나오는 손가락 관절, 홀수 달과 짝수 달을 계산하는 방법을 생각하며. 경주마를 움켜쥔 나는 당신의 뒤에서 숨을 고르는 나의 표정을 봅니다. 연달아 31일인 7월과 8월 그 사이에 네가 생겨났단다. 나선계단을 오르면 어느 날에는 레코드 가게가 되었다가 어느 날엔 거실이 되고, 어느 날엔 헌책방이 됩니다. 사고 싶은 책을 눈에 띄지 않는 구석에 꽂아 넣고 다음 날 다시 찾으러 오는 마음. 그러고도 사지 못하고 다시 더 깊은 구석에 꽂아 넣는 것. 그림자는 내 옆으로도, 앞으로도 생겨날 수 있는데 항상 뒤로 생겨나는 것이라고 믿습니다. 우리는 서로를 곡해하며 자라났습니다.

식물 식별 의지

 비 온 뒤엔 멀리 내다볼 수 없어요. 나무의 줄기를 보게 됩니다. 산은 거대한 나선계단 같아요. 식물도감에서 본 풀을 기억했다가 숲에서 마주친다면 알아볼 수 있을까요. 올해는 매화나무와 벚나무를 구분하는 것부터 배워보자. 나무 기둥 무늬가 가로로 난 것이 매화야. 아마 나는 또 잊어버릴 텐데요. 계단에도 결 방향이 있습니다. 한 칸을 오릅니다.

 식물 모종이 먼 길을 거쳐 온다는 말을 들었어요. 이맘때 화단에 핀 꽃은 멀리 유럽이나 아프리카에서 온 것일 수도 있습니다. 겨울 화단엔 꽃양배추가 심겨 있습니다. 회색 눈이 내립니다. 겨울이 끝나갈 즈음 꽃양배추는 색이 바래 있어요. 비어 있는 화단을 좋아합니다. 흔들리지 않는 풍경(風磬)을 보고 있으면 어지러운 것처럼. 가을이 되면 억새와 갈대를 구분하는 법도 배워보자. 한 칸을 오릅니다.

 종일 쉬지 않았나 봐. 솜사탕을 파는 아저씨의 머리칼에 흰 설탕 가닥이 내려앉았어요. 아이들의 눈높이에서 쉬지 않고 꼬챙이를 돌립니다. 흰 개는 엎드려 허공을 가만히 쳐다봤어요. 개의 등은 숨이 오르고 내릴 때마다 다르게 빛났습니다. 아이가 다가와 흰 개의 뺨을 때린다. 바닥에 코피가 떨어진다. 흰 개는 더 이상 마당의 쥐를 잡아오지 못한다. 솜사탕을 손에 쥔 아이들아, 너희를 사랑하지만 믿지는 않아. 한 칸을 오릅니다.

관목에 노란 꽃망울이 여러 개 달려 있어요. 이건 무슨 꽃이야, 물어보려고 사진을 찍었습니다. 기억은 능력이 아니라 의지인 것 같아. 흰 개의 모습이 연속 사진으로 남았다. 양손으로 머리칼을 움켜쥐어도 다 잡히지 않아서 몇 번을 고쳐 묶었어. 너는 아이들에게 신화처럼 들려줄 이야기가 될 거야. 흰 개가 마당의 쥐를 잡아 온다. 사실이 아닐지라도 진실일 순 있다. 한 칸을 오릅니다. 나는 뒤를 돌아 있습니다.

식물 식별 능력

 달동네를 내려다보면 하나의 건축물 같아. 골목길이 정교하다. 한 사람이 설계한 건물 같기도 해. 아무리 옮겨 다녀도 달동네는 모두 달동네라고 불려. 할머니가 쓰는 방은 안방이고, 큰아이가 쓰는 방은 작은방, 막내에겐 방이 없다. 사거리를 건너 골목길로 들어설 때 몇 개의 경우의 수가 생길까. 각각 다른 시기에 마을로 들어온 사람들. 정수리를 내려다보면 하나의 식물 같아. 등교하는 아이들의 책가방과 신발만 보고도 전교생을 구분할 수 있어. 여행은 다녀오기 전이 제일 좋은 거잖아. 종업식에서 개근상을 받은 친구가 말했다. 친구는 식물에 품종명을 붙이는 방법을 알려줬다. 매화와 벚꽃은 같은 속(屬)으로, 한 가족입니다. 매화는 벚꽃보다 이른 2월과 3월 사이에 개화합니다. 매화나무랑 매실나무 중에 뭐라고 부르는 게 맞아? 꽃과 과실 중 하나를 고른다. 목소리만 알고 있는 사람을 꿈에서 본다면 그는 어떤 표정을 하고 있겠니. 잠을 설치는 날일수록 현실에 가까운 꿈을 꾼다. 수화기 너머로 물소리와 풀벌레 소리를 구별하고. 벌써 벚꽃이 피었다니, 감탄하는 3월의 사람들. 얼굴을 모른 채 목소리만 들을 수 있다면 사람을 깊이 사랑할 수 있겠다.

물고기는 알아서 한다

마냥 좋을 줄 알았어요.

늦은 아침 거실 바닥에 물고기가 떨어져 있습니다.
어항 밖 반짝이는 실내
더 깨끗한 물일 거라고 생각했을 뿐이에요.

책상 아래엔 발뒤꿈치와 소란, 저녁의 거스러미, 산 벌레 들과 내일은 무엇을 해야 할지 생각하며 잠드는 행복이 아무도 지켜보지 않는 사이에 자라납니다.

나보다 먼저 내 집의 문을 열어줄 사람이 있었으면 좋겠어요.
외출하고 돌아와 아무 걱정 없이 불을 켤 수 있다니
너는 복이 많은 사람이군요.

비 오는 날엔 의젓하지 않은 사람이 좋습니다.

분수대로 만든 터널이 보이면 꼭 그 가운데를 지나가보는 사람. 물그림자도 밟지 않으려는 사람들은 너를 구경하고. 부럽다, 참 부럽다. 돌아갈 걱정을 하지 않고 맘껏 젖는 휴일에. 옷을 다 버린다고 나무란 적이 없었어요.

 물이 떨어지는 차림이어도 개의치 않고 문을 열어줄 거예요.
 깨끗하게 씻은 너를 무릎에 눕혀 귀를 파주고

여기서 음정이 솟아난다,
눈썹 주변에 튀어나온 뼈를 지그시 눌러주면서
너는 귀가 참 작군요,
귀가 작은 사람은 복이 없다던데

먼저 나갈게, 먹고 가세요.
냉장고엔 전날 설탕에 재어놓은 과일도 있고

 내 방을 들여다보는 건 아무래도 좋습니다. 네가 보는 이 안은 투명하고 바깥세상은 굴곡져 있습니다.

 너의 집을 궁금해하지 않기로 마음먹고

어항에 데려갈 물고기를 고르듯
집이 나를 고르는 것 같습니다.
이곳은 나를 밀어내지 않았으면 합니다.

어떤 복은 매끄럽고 차가워서
바닥에 엎드려 숨을 쉬는지 살펴야 합니다.

사생활과 동거 감각

골똘한 옆얼굴.
무슨 일이야, 묻는 사람.
어제보다 더워진 낮에
메밀국수를 만들어 먹고,
산책길에 저녁거리를 사 오는 사람.
비눗방울을 처음 불어보는
서투른 입김과
바람이 아이의 뒤에서 팔을 잡아준다.
작은 무지개들.
길을 되돌아올 때
히라가나를 읽을 줄 아는 사람.
계란을 푸는 젓가락과
나무 도마 위의 두부는 부드럽게 썰린다.
길을 잃지 않기 위해서
3월의 침실.
복도를 지나가는 발소리.
창문을 조금 열어놓으면
먼지 냄새.
오늘은 잠을 설칠 것 같아.

살결을 쓰다듬으며
누운 채로 천장을 바라본다.
나는 지금 평온하다,
평온하다.
손바닥으로 자기 가슴을 다독이면
먼저 잠든 사람의 숨소리.
심장이 빠르게 뛴다.
커다란 구(球) 안에서 길을 잃는다면,
모퉁이 카페는 꼭짓점이 된다.
청혼이 필요 없는 오랜 애인.
나의 궤도 안으로 들어온 사람에게.
꿈속에서 만난 새로운 동네에서도
히라가나로 된 간판을 읽을 줄 안다면.
반가웠어요, 조심히 들어가요.

우리가 가까이 산다면 수박을 반 덩이씩 나눠 가질 수 있을 텐데

베란다에 내놓은 식물은 베란다만큼 자란다. 작은 화분 속 식물은 화분만큼 자라다 죽는다. 나중에 내가 아이를 낳으면 가끔 봐줄 수 있어요? 종종 묻곤 했다. 너는 가끔씩 돌봐주는 일을 잘할 거라 생각해. 아이는 모르는 겨울 간식을 손에 쥐여 주면서.

부드러운 발바닥으론 몇 번이고 발길질을 당해도 괜찮다. 한 번 더 차달라고 얼굴을 발 가까이 가져가기도 했다.

1997년 한 시민이 건물 앞에 능소화 두 그루를 심었는데 폭포수처럼 자라 관광 명소가 되었다.* 담벼락을 등지고 사진을 찍는다. 장면 안에 있는 사람들은 그들이 얼마나 아름다운지 모르고 있겠지.

네가 사는 곳이 예전에 화장터였다는 거 알고 있니. 이런 말을 들어도 집으로 가는 길에 무서운 마음이 들지 않았다. 나는 흙이 뒤엎어진 언덕 위에서도 순하게 잠들었다. 삶 외에 다른 선택지가 없다.

방에는 벽이 있고
경관 앞에는 경관이 있다.

앞서 걷는 두 사람 사이. 아이는 뒤를 돌아본 채 품에 안겨 있다. 아이에게 짓는 우스꽝스러운 표정을 두 사람은 보지 못한다. 사람을 쉽게 잊기 위해서 이름을 물어보기도 한다.

다음에 이사를 간다면 너의 동네를 생각해볼게.

쉽게 헤어질 요량으로 우리는 어서 아이를 갖기로 약속했다.

* 대구 대봉동 능소화폭포.

번성

매미에 대한 기억은 그와 떨어뜨릴 수가 없다.

그는 항상 무리보다 앞장서서 길을 찾는다. 목적지에 당도했다 싶으면 그는 어느 순간 시야에서 사라지는데, 돌아보면 저 멀리서 다박거리고 있다. 무언가 자세히 보거나 멀리 내다보면서. 그러다 누구야, 이리 와봐, 그의 손끝은 무언가를 가리키고 있다. 배수로 안에서 우는 맹꽁이 같은 것. 조약돌 무리 위를 비추는 햇무리 같은 것. 일렬로 선 조경수의 가르마 같은 것…… 간혹 그는 나를 부르는 대신 곁에 와서 손을 내민다. 손아귀 밖으로 살짝 고개를 내민 매미. 너도 한번 쥐어봐—용기가 없어서 그 바스스한 떨림을 쥐어보진 못했다. 다만 그의 손 밖으로 살짝 나온 그 머리를 손끝으로 살짝 쓰다듬어볼 뿐이었다.

여름의 안팎은 며칠째 밤을 새우고 있었다.

그는 철마다 달라지는 들판을 속속들이 알고 있다. 무언가를 낚아채듯 주먹 쥐면 손아귀 안에 메뚜기가 무망하게 담겨 있고, 손끝을 세워 잠자리의 날개를 잡으면 날아

가려는 힘이 꽃잎 한 장 같았다. 그는 모든 것을 놓아주었다. 어느 곳에도 흠집이 없는 채로, 처음과 똑같이 날아가도록.

감색은 왜 감색이 아닐까.
그 이름을 듣고 항상 의아했어.
이름이 아무것도 얘기해주지 않잖아.
열매가 떨어져서 담벼락을 다 물들여버리잖아.

그래서?

다 따버렸지.

가을 열매를 봄에 다 따버렸더니 가지가 기운이 뻗쳐서 전신주를 다 감아버렸어.

손다운 손

 손이 자기 자리에 있다. 손은 세상이 사건으로 이루어져 있다고 말했다. 내일이 되어도 손은 자기 자리에 있을 테지만, 내일의 입맞춤은 어디에서 생겨날지 알 수 없었다. 나를 볼 때 눈을 피하지 말고 너무 오래 쳐다보지도 않았으면 해. 소리를 가로지르는, 거두기 직전의 시선. 오른손으로 왼편의 팔짱을 낀다. 나의 모든 문제는 언제나 오른쪽에서 시작한다. 너무 솟은 오른 발등, 닳아버린 무릎, 바닥에 앉을 때 짓눌리는 다리, 가슴팍을 내리치다 혼자 아파하는 손목, 풀려 할수록 더 꼬이는 매듭. 사람을 안으면 오른쪽 뺨이 부풀어 가라앉을 줄을 몰랐다. 먼지로 흩어지기 전에 자기 모양을 지키려 드는 사물들. 팔짱 낀 손을 내리며, 옷자락을 쓸며, 팔꿈치를 당기며, 오른쪽에서 왼쪽이 사랑이 갈 수 있는 가장 먼 곳이었다. 손의 경로를 따라 나는 다른 것이 되어야 했다. 어떤 장소는 사람과 같아서 떠나야 할 때를 인정해야 해. 이제 더워질 일만 남았구나, 4월의 저녁은 길고 긴 산책을 했다. 걱정 마, 우리는 언제든 이 공원에 다시 찾아올 수 있어. 이곳은 나에게 서운한 마음을 품지 않을 것이다. 책임이란 말이 참 차갑구나. 나도 너처럼 홀가분한 마음이야. 모든 거짓말은 뱉

어진 순간만큼은 진심이었다는 듯, 팔짱을 풀고 옷자락을 따라 내려가는 오른손. 왼손을 잡는다. 내게로 와. 손은 다시 손에게로. 우리는 양식으로 서로를 알아챈다.

내밀의 빛

주방 전등이 떨린다. 아무도 연주하지 않은 밤의 피아노, 건반이 눌린다. 책 한 권이 카펫 위로 떨어진다. 나는 당신이 아쉬워요. 당신이 몸살을 앓을 때 몸을 기울일 목소리가 내가 아니라는 사실에. 내가 없는 내일에 살아 있을 당신이 아쉬워요. 왜 유령은 흰 천을 둘러싸고 있는지. 형태를 지탱하는 부재(不在) 너머로

전등이 떨린다. 식탁에 모여 앉은 어제와 내일과 당신. 대화를 나누는 너희 사이에서 잠자코 있는 것만으로 나는 거짓을 쌓아가는 거예요. 둥그런 식사는 너의 배려와 무심함의 형상이었다. 우리가 그저 서로의 평범한 저녁이었더라면. 시간이 흐르더라도, 이렇게 변했구나, 손등을 쓸어내리는 손끝을 피하지 않으면서, 도리어 손을 잡아끌어 거머쥐었더라면.

우산을 매번 놓고 다니면서도 반드시 몇 걸음 나서고서야 빈손임을 깨닫는 사람, 그게 당신이에요. 중요한 이야기라면 하나씩 숨겨두는 것. 나는 너에 대한 비밀을 다른 이와 만들어냅니다. 배신이 나의 약점이에요. 잠시 빛나

는 게 아니라 영원히 꺼져버리는 것. 나에게 구원이 있다면 그런 소멸이 될 터였습니다. 아무도 나를 찾지 않는 어제 혹은 누군가 나를 기억할 내일에…… 전등이 꺼진다.

적응

꽃잎이 아파트 현관에 쌓여 있다.
유리문이 열리면서 꽃잎을 더 구석으로 몰아넣었다.

집을 옮기면 새로운 버릇을 만들어야 해.
허전한 왼손.
오늘은 손을 여러 번 감싸 쥐게 될 거야.

정류장으로 향하는 내리막길에선 아무도 망설이지 않아요. 쏟아지는 사람들 틈에서 다른 속도로 걷는 건 오직 작은 사람과 작은 개뿐입니다.

어떤 건축가는 주인을 위해 기둥 몇 개를 보태어 집을 지었대. 그 기둥은 천장에 닿지 않았습니다. 천(川)을 따라 줄지어 선 나무들. 유리창이 커다란 건물엔 햇빛 냄새가 가득해. 의자에 앉을 때 몸 위로 온기가 덮쳐 온다. 옆 사람이 알게 될까 봐 조심해서 앉는 버릇이 생겼어.

연결되기 위해선 건물을 허물어야 합니다.

그늘이 있는 곳이라면 어디든 앉아 쉬었다. 저쪽에서 걸어오던 아이가 걸음을 멈췄다. 우리가 쳐다봐서 그런가 봐. 고개를 돌리고 있자. 신발 소리를 낼 만큼의 무게도 되지 않나 봐. 머리 뒤쪽으로 아무런 형체도 그려지지 않았다.

허물기에 크다면 유지하기에도 너무 크다.

길 한가운데에 계단이 있다면 좋겠어. 아무것도 연결하지 않은 채로. 계단이 있다는 것만으로 이곳은 사람을 불러 모으게 될 거야.

언덕길을 거슬러 오르기까지 많이 망설였다.
새로운 버릇이 왼손에 깃들기 위해서.

일조권 사선제한*

집을 고쳐 살아가는 데에 있어 우린 무능한 것 같아.
물을 틀자 발이 젖고
발가락을 조금 오므리고 가만히 서서
물이 샌 게 아무 일도 아니라는 듯.

헌 옷에 물기가 스밀 수도 있겠다.
숨겨놓은 책에도.

 돈이 생길 때마다 소설 전집을 한 권씩 사 모았다. 전집이 완성되면 또 다른 전집을 모았다. 작은방 한쪽 벽이 모두 전집으로 채워졌다. 이사를 다니면서 책들은 순서를 잃었다. 이번 주말엔 꼭 책장 정리를 해야지.

 머리 위로 도로가 지나지 않는 방을 찾으려면 많은 곳을 헤매야 할 거야.
 이어폰을 끼고 있으면 자꾸 내려야 할 정거장을 놓친다.
 잠에서 깨어나야 할 시간을 지나친다.

 눈을 떴을 때 나는 높이 떠 있었어. 걸음에 맞춰 흔들리면서. 포대기에 싸여 자동차 뒷좌석에 태워졌다. 다시 눈을 떴을 땐 내 이부자리 주변으로 모든 것이 움직이고 있었다. 잠옷 위로 겉옷을 걸치고 밖으로 나갔다. 가장 마지막으로 남겨지는 가구가 내가 되기 전에.

  새로운 집은 찬 공기 중에 있는 것 같아.
  북쪽으로 도로가 지나는 것이 좋은 집의 기준이 아닐 수도 있다.

  여럿이 힘을 모아 집을 고쳐 살던 시절엔
  건축가와 수리공 없이도 물이 새지 않는 싱크대를 만들 수 있었다.

  그곳 사람들의 책장에도 빠진 숫자들이 있을까?

집을 옮기면 평소와 다른 냄새가 나는구나.
등 뒤를 껴안은 사람이 깊이 숨을 들이마신다.

  책장은 조금 비어 있는 게 좋댔어.

나무로 지은 옛집들은 다닥다닥 붙어 있지 않아서 하나의 벽을 공유할 수 없다.

한곳에서 시작된 불씨는 그 장소에서 끝이 나야 해.

여섯 개의 면 안에서 생겨나는 광활함.

책들은 버려질 때가 되어서야 두 번 읽힌다.

주말 오전 한참을 마루에 앉아 있었다.

---

* 건축물을 지을 때 주변 건물이 받을 햇볕을 막지 않도록 일정 거리를 띄워야 하는 규정. 사선제한을 피할 수 있는 가장 좋은 조건은 북측에 땅이 없는 것이다. 예컨대 머리 위로 도로를 접한 아파트. 눈이 온 날엔 비질하는 소리에 잠에서 깨어난다.

2부

독도법

내기를 하나 할까요.
한강에서 가장 좁은 산책길을 걷다가
아는 사람을 마주치는 거예요.
나는 알아채고 그는 알아채지 못한다면

닿고 싶은 무언가가 없어도 다리를 건너는 거예요.
그때 만화엔 왜 그렇게 엄마를 찾아 나서는 이야기가 많았는지.

사람이 많은 곳에선 꼭 손을 놓고 싶어졌다.
이름이며 나이며 주소를 줄줄 읊을 수 있었다.

너는 왜 내기를 하니.
당신이 나를 잊어버릴까 봐요.*

친밀함은 지도가 된다.

* 영화 「애스터로이드 시티」(웨스 앤더슨 감독, 2023).

주소력(住所歷)

그렇게 나갔다가는 추울 거야.
아침저녁으로 후회하기 위해 봄날이 있는 것 같아.

늦은 저녁 놀이터에서 나란히 그네를 탔다. 뭐 이런 데서 놀아, 핀잔을 주면서도 누가 더 높이 올라가나 시합을 벌였다.

식탁 아래에 들어가 있는 걸 좋아해. 호텔 로비에 있는 그랜드피아노 아래에 들어가기도 했다. 벙커 침대를 갖고 싶어. 어디서 그런 말을 알아 온 건지. 나는 갖고 싶은 것을 분명히 말하는 아이가 아니었는데. 원하는 게 무엇인지를 분명히 말하는 사람을 보면 스스럽게 느껴져.

우리는 모두 이불에서 태어난걸요. 천에서, 유연함 속에서.

어른들의 무릎까지 오는 아이들. 아이들의 정강이까지 올라온 계단 한 칸. 펜스가 쳐진 강아지 놀이터를 구경하는 사람들. 벤치를 밟고 오르면 펜스 너머를 넓게 볼 수 있다. 목을 가누는 힘을 기르라고 아이들을 일부러 엎드려 놓기도 한다.

조그만 사람에게선 갖은 애를 쓴 냄새가 난다.

초등학교와 유치원, 작은 보습 학원이 줄지어 있다. 하교 시간에 쏟아져 나오는 아이들이 지나가면 햇볕 냄새가 났다.

타향이 고향이 되는 거야. 어지럽게 짐이 펼쳐진 거실 마루에 앉았다. 반나절 만에 다른 곳으로 왔구나. 달라지기보다 달라지기를 결심하는 시간이 길고. 본가가 어디냐고 물으면 태어난 곳을 말해야 할지, 자라온 곳을 말해야 할지, 부모님이 계신 곳을 말해야 할지 고민했다.

한 사람의 생애를 요약하면 장소들이 남는다.
잘 자라다 가요.

녹천

   푸른 강이란 뜻인가.
   내가 사는 곳에 누군가를 초대했을 때
   이곳의 유래를 생각해보는 사람은 그가 유일했다.

   아침이면 집에서 나와 지하철역을 향해 걷는다.
   밤에는 역에서 나와 집으로 걸어가고

   표지판이 보일 때마다 마을 이름의 유래를 찾아봤던 적이 있어. 한동안 지하철을 탈 때 지루하지 않았다. 너는 역과 참 가까운 곳에 사는구나.

   나의 동네는 사슴 녹(鹿) 자를 갖고 있다.

   승객 여러분께서는 안내 방송에 귀 기울여주시기 바랍니다.

   제기동에서 청량리, 청량리에서 신이문, 월계를 지나는 동안

창밖을 보면 반칙이야.
역의 이름을 맞추며 놀이를 하는 연인에게
기관사의 목소리가 유일한 심판관이다.

순록은 고작 길들여진 사슴이란 뜻이야.
커다란 뿔을 가진 사슴이 사람에게 길들 수 있다는 게 신기해.

순록은 툰드라지대 사람들에게 중요한 동물입니다. 순록 떼는 고기와 가죽, 우유와 이동 수단을 위해 키워졌으나 완전한 가축화가 이루어진 것은 아닙니다.*

사람들은 순록이 이동하는 경로를 따라다니며 생활한다.

새벽에 내린 눈이 길 한쪽으로 잘 치워져 있었다.
너는 외우고 있는 길도 앞서 걷지 않는다.

오랫동안 내가 푸른 강에 살고 있다 믿었다.

* 네이버 지식백과 '순록' 참고.

야영장 설계 도면

오른쪽으로 치우쳤다가 왼쪽으로 기울고, 그럴 때마다 옆에 앉은 사람에게 몸을 기댄다. 그 사람도 몸을 기울인다. 산을 오르는 길에선 늘 그런 놀이를 했다. 길이 똑바르지 않은 건 순전히 우리를 헷갈리게 하려는 목적이 아닐까. 위로 향하고 있다는 것 말고는 어떤 방향도 지속되지 않는다.

여기가 내가 있었던 곳의 반대쪽이겠다.

어느 방향으로 창을 그려야 할지 모르겠어. 텐트를 어디에 놓을지 생각했다. 해가 뜨는 쪽으로 머리를 두면 돼. 그럼 텐트와 상관없이 몸만 돌리면 되잖아.

야영에선 우리가 선택할 수 없는 것도 있다.

오늘 밤에 비가 내릴까.
천장 위로 허공이 있다.

복도식 아파트는 대부분 부엌에 창문이 없어요. 현관문

에 걸쇠만 있다면 여기서도 얼마든지 맞바람을 맞을 수 있습니다. 바나나가 검게 익어가는 냄새가 났다. 침실 공기가 답답해서 창문을 조금 열었다. 3월 밤엔 봄냄새를 맡아야 잠에 들 수 있어.

위에서 내려다보면 크기만 다른 동그라미들로 가득할 것 같아. 텐트의 단면, 나무의 밑동, 산봉우리, 이슬, 아침으로 먹은 소시지와 계란, 간이 의자, 맥주 캔, 담배꽁초, 랜턴……

밤새 불 피운 뒤척인 등.

작년 가을 이 마을에 큰 태풍이 왔었어요. 태풍은 순서를 지켜 찾아옵니다. 큰 상흔을 남긴 태풍의 이름들은 목록에서 빠진다고 해요. 한 장소에서 다른 장소로 이동하는 게 태풍의 책임은 아닐 텐데.

한 달 뒤로 약속을 미루자고 한다면 아예 약속을 잡지 말자고 할까 봐.

밤사이에 비가 내리면 어떻게 잠에 들 수 있을까.
 빗소리에 깨어나면서 어젯밤 그런 걱정을 했다는 걸 기억했다.

 두벌잠에 들면 다시 일어날 수 없을 것 같아.
 내 생일은 항상 추웠어.

3월은 기다리는 일로 끝이 난다.

정전 설계 도면

꿈도 꾸지 않는 깊은 잠에 들길.
이런 호의를 받고서도 잠에 들지 못하는 밤에는 죄책감이 든다.

오래된 동화책을 펼치면 집냄새가 난다. 누구의 사랑을 받다가 여기로 오게 되었니. 부드러운 두 다리 사이에서. 정수리 위에서 목소리가 울린다. 내용을 기억할 필요가 없는 작은 방 안에 나뭇가지가 뻗쳤다. 방은 세상 전체가 된다.*

불이 꺼진다.
타이핑, 바느질, 가드닝……
눈을 감아도 할 수 있는 것들.

무대에서 관객석을 바라본다. 눈으로 사람을 찾는다. 사람이 있어야 할 곳에 사람이 없고. 의자 하나가 그를 지시한다. 옆의 의자는 저이를 가리킨다. 의자 옆에 비어 있는 의자 옆에 팔꿈치…… 옆에 없음, 나란하다.

자정이 가까워져옵니다. 마음을 가라앉히고 잠에 듭시다.

눈을 떴을 때 방은 먼 곳까지 떠내려가 있었다. 시간이 몇 년은 흐른 것 같아. 방 안의 나무가 더 무성하게 자라 모퉁이마다 가지가 꺾였다.

내 의지로 불을 끈 건 아니었지만. 어렵지 않게 침실까지 갈 수 있을 거야. 이쯤에 식탁이 있어야 하는데, 허벅지에 모서리가 닿아야 하는데…… 식탁은 없음으로써 주의를 끌었다.

다시 눈을 떴을 때 플러그를 꽂아놓은 선풍기가 돌고, 켜놓은 주방 불이 밝혀졌다. 조금 열어뒀던 베란다 문을 다시 닫고, 주방 불을 끄고…… 침대에 누웠다. 식탁은 다시 그 자리에 있었다. 어젯밤 잠은 어디로 갔나요.

* 모리스 샌닥 글·그림, 『괴물들이 사는 나라』, 강무홍 옮김, 시공주니어, 2002.

미술관 관람 속력

해상도가 낮은 빗줄기에도 유리창엔 자국이 남는다.

여름은 주머니가 없고

벽은 경관을 끌어들인다.

걷는 방향을 결정짓는 건 목적지가 아닌 것 같아. 벽을 따라서 걷는 것뿐입니다. 벽은 풍경을 전부 보여주지 않는 방식으로 우리를 인도합니다.

끝이 보이지 않는 하얀 시위대.
모퉁이를 돌면 소음이 줄어든다.

흰 벽 너머로 펼쳐지는 숲. 호수는 언제 안으로 들어올까요. 액자에 담지 않을 풍경을 먼저 정해볼까요. 모든 나무가 바람을 막을 수 있는 건 아니니까. 햇빛을 받은 벽은 오후가 될수록 자라납니다. 모퉁이 안으로 들어가는 흰색 기둥.

이렇게 보니까 이상하네.
머리 위로 솟은 담장을 올려다본다.
경관을 휘감는 넝쿨
빛은 벽에 부딪히는 방식으로 모퉁이를 돌았다.

풍경화가 상상으로 그려졌다는 걸 알면 실망할 건가요.
사랑하는 사람에게 항상 같은 질문을 했어.
아이가 깨끗하게 쓴 장난감처럼

물려주기 좋은 풍경
뒤편에서 들려온다.

템포는 좀 맞나요?
우리가 가장 오래 지켜본 건 서로의 관람 속력이었다.

이렇게나 여러 번 방향을 트는데도 길을 잃는 사람이 아무도 없는 건축물 안에서

오늘은 길을 헤매지 않을 자신이 있어.

모퉁이를 돈다.

전시회에선 왔던 길을 되돌아가면 끝났다는 기분이 들어요.

돌아가는 길에는 시위대가 없지 않았나요?
단지 소음이 모퉁이를 돌지 못한 것일 수도 있습니다.

좋은 향기에 뒤를 돌아보면 항상 보라색 꽃이 있고
역은 성립하지 않는다.

절화 꽃다발

꽃병의 물을 갈아준다.
외출한 사이에 꽃은 조금 살아날 것이다.

연필은 머그잔 안에서 색도 바래지 않고 몇 년째 꽂혀 있다.

덥다는 말을 하면 천 원씩 내기로 하자. 무더운 도시일수록 벽이 높고 건물의 간격이 좁다던데. 한숨과 손차양으로 말을 대신하고. 그림자가 가장 짧은 순간에도 골목길엔 그늘이 진다. 벽을 손가락으로 훑으며 걷는 사람. 걷기만으로 내가 무엇이 되고 싶은지를 떠올리게 만든다.

이런 날에도 손이 찰 수 있다니.
아직 태어나지 않은 나의 아이를 걱정해본 적이 있다.

무언가를 돌보지 않으면 못 견딜 것 같을 때가 있어. 동물 기를 자신도 없고 베란다엔 식물 하나 없는 주제에. 사람을 불러서 저녁을 차려준다. 전골이 끓고 있는 좁은 식탁에 사람을 앉힌다. 밥을 다 먹고 나선 귀를 파줄게요. 담요로 베개를 만든다.

야채 육수 냄새로 가득한 방.
누군가를 생각하면 작은방이 배경으로 따라온다.

밥을 먹고 나면 손발이 따뜻해져 있다.

줄기를 사선으로 자르면 꽃이 오래 산대. 생기를 유지하기 위한 생채기. 아파트 단지의 꽃집에선 물을 안 줘도 오래 사는 화분을 팔고, 공항 안 꽃집에선 화환을 가장 많이 판다.

사람을 잊어도 방이 딸려 오고
방을 잊자니 이미 많은 것을 보고 말았다.
함부로 집에 사람을 초대해선 안 되는 이유를 알겠어.

축하가 채 식기도 전에 제일 큰 줄기 하나가 꺾여 있다.

결계

너의 동네에 히말라얀시더가 있다던데.

어떻게 끊어 읽어야 할지도 모르는 이름을 듣고서, 그것이 지명인지 개의 종(種)인지 카페나 식당 이름인지도 알지 못하고. 혼자서 나무, 나무라고 되뇌었다.

집에 있으면서도 집에 가고 싶다는 말을 내뱉고 놀란 적이 있어. 나의 동네를 회상했다. 그 나무가 자란다는 마을. 너는 약도를 손에 쥔 채 땀을 닦고, 멀리서만 봤던 곳을 직접 찾아갈 땐 항상 실망하게 되던데. 우리는 풍경이 정해주는 풍경을 구경하러 나섰다.

달걀만 한 흙덩이에서 싹으로 돋아났을 시절부터 누군가 밟아 없애주었기를.

나무는 가지를 울창하게 뻗어 아래에 벤치도 있고 정자도 있었다. 그 앞에서 기도를 읊거나 사진을 찍고 조금 쉬었다가 가기도 하고. 고개를 꺾어 하늘과 초록의 경계를 가늠해보았다. 나무는 한 번도 포장된 적 없는 선물이었으므로 크기별로 챙겨 온 종이 가방이 무색해지고. 색색으로 담아 온 리본이 모두 촌스러워 보이는 탓으로 나는 땀만 흘린 채로. 그래도 정성껏 포장을 해보자, 약도를 주머니에 넣으며 너는 말했다.

 선물을 포장하는 동안

 너는 그것이 히말라얀시더가 아니라 플라타너스라는 걸 깨달았다. 그저 열매가 조금 특이한 수종일 뿐이었다고. 어떻게 해도 포장되지 않는 나무 앞에서 너는 땀을 흘렸다. 다시 약도를 꺼내 든 골몰한 얼굴. 너의 팔꿈치를 당겼다.

 한 번 봤으니까 됐어.

 그 이름을 가진 나무를 정말 찾게 된다면 나는 더 이상 이 동네를 살아갈 수 없겠다고 생각했다.

해로운 장난

내가 이 동작을 하면 네가 그 대사를 할 거라는 약속. 그 모든 합을 잊고 있어야 합니다. 수어를 쓰는 사람들은 거짓말이 눈으로 보인다던데. 표정과 손짓, 말과 손짓이 따로 나오기도 하고. 등을 돌리고 있으면 네가 몰래 다가옵니다. 무대가 몇 번이고 반복되더라도 나를 놀라게 할 때 정말로 놀랄 수 있습니다.

지금이 아니면 밤에 산책하기 어려울 거예요. 강변을 뛰는 사람들. 속도를 줄이며 호흡을 바꿉니다. 가장 먼저 이 방향으로 걷기 시작한 사람이 누굴까요. 뒷모습이 지겨운 날엔 혼자서 반대로 걷기도 합니다. 너는 이런 일이 흔하다고 생각하고, 나는 언제나 정말로 놀랄 수 있습니다. 이 계절에도 손이 차가울 수 있고

1년에 단 하루만 만날 수 있는 사이라면 어떤 계절을 고를 건가요. 헤어질 때 입었던 리넨 셔츠를 이듬해에도 똑같이 입고 나온 사람. 서먹하다는 듯 너를 대할 수 있습니다. 오늘의 고백이 거짓말인지 알 수 있으려면 내일이 되어야겠지. 묻고 싶은 것이 많으면 아무것도 물을 수 없습

니다.

　결말을 다 아는데도 몇 번을 다시 읽는 동화책. 아이들은 매번 같은 페이지에서 웃습니다. 오래 기다려온 약속 자리에 먼저 도착하고 싶지 않아요. 다시 만난다면 마주 보고 앉을지, 나란히 앉아야 할지를 두고 오랫동안 고민했습니다. 우리는 웃어야 하는 장면에서 어김없이 웃었고 각자의 집으로 돌아가는 장면에선 움직이지 않았습니다.

　약속 장소에 먼저 도착한 사람. 천천히 땀이 식는 걸 느낍니다. 여전히 산책할 수 있는 밤이 며칠 남지 않았다고 생각하나요. 너의 가을과 겨울의 옷장을 알지 못합니다. 결말을 걱정하진 않습니다. 잘되든 못되든 모두 별일이 아닙니다.

　이제 계단 위로 네가 올라옵니다.
　나는 진심으로 놀랄 준비가 되어 있습니다.

이로운 농담

 잠긴 베란다 창 안에선 거실의 소리가 뿌옇게 들린다. 웃는 것 같기도 하고 숨을 참는 시합을 하는 것 같기도 하고 나를 잊은 것 같기도 하고…… 춤을 추었다. 내가 어떤 음악을 생각하며 춤을 추고 있는지 너희는 모르겠지.

 비 없이 천둥만 친다. 이런 날 나무는 별로 쓸모가 없단 말을 들었어요. 옆에 두는 게 위험한 것들도 있습니다.

 문 좀 열어주세요. 서로가 가족인데도 처음 보는 사람인 듯. 문이 살짝 열리고 안쪽의 사람이 나를 쳐다본다. 잘못 찾아오셨습니다. 세차게 닫히는 문. 문틈에서 미처 손을 빼내지 못했다.

 베개로 얼굴을 눌러 숨을 못 쉬게 하는 놀이를 했던 걸 기억하니? 웃음이 새어 나가지도 못할 만큼 베개의 틈이 좁아진다. 웃음인지 울음인지 헷갈리는 소리를 냈다. 그때 너도 겁이 났었니.

 이젠 장난으로라도 그런 일은 못 하겠어.

베란다 문을 열고 거실로 들어갔다. 내가 바깥에 있었다는 걸 거실의 사람들은 아무도 신경 쓰지 않았다. 안감을 뒤집어 옷을 입으면 어제와 다른 옷이라고 할 수 있을까. 떠나는 쪽이 항상 남겨진 기분을 견딘다.

연대

아파트 앞으로 큰 도로가 나 있다.
복도와 가까운 쪽에 침대가 놓인 안방이 있다.
햇빛으로부터 연약한, 가장 바깥의 안방.
커튼은 내가 잠들기 전에 하는 버릇을 알고 있다.
귀마개를 찾고 물 한 잔을 떠놓는 버릇.
소음이 멈춘다.
커튼이 말한다.
명심해,
햇빛이 색이 되는 수만 가지 방법이 있는데
그중 가장 짙은 색을 내려거든
지친 척을 많이 할 것.
커튼은 내가 잠이 들 때 짓는 표정을 알고 있다.
소음과 햇살이 비집고 들어오지 못하도록
나의 앞섶을 여며준다.
함께 지낸 시간이 오래인데도
우리는 가족이 아니구나.
그는 단잠을 향한 나의 먼 길을 배웅해주고
나는 커튼보다 먼저 일어난다.
아침이 되면 올이 풀린 가르마에 빛이 모여든다.

커튼은 하룻밤 사이 색이 옅어져 있다.
우리가 가족이 될 가능성에 대해 생각한다.

신앙

겨울새들은 털을 부풀렸지만 속을 주리고 있습니다.
오목한 것은 숨기기에 좋습니다.

우유갑이나 플라스틱 물병에 씨앗을 채워 넣습니다.
새들은 지구의 틈마다 남은 씨앗을 숨겨놓습니다.

쌀알은 왜 나락의 이름을 가졌을까요.
허기와 포만의 간격이 짧습니다.

은(隱)은 다른 이름을 갖고 싶어서, 농담을 숨길 줄 모르는 사람을 만났다.
은은 벽에 새를 그려 넣기를 좋아하고 가장 나중에 부리를 채워 넣는다.

발 위에 발을 올리듯
구두 위에 맨발을 올리듯

새들은 씨앗을 숨겨놓았다는 걸 자주 잊고
새싹은 피어날 명분을 갖습니다.

남자는 변명에 관한 농담을 생각한다. 모래바람이나 송곳, 불이 켜지면 거두어지는 허벅지 위의 손 같은 것을.

　부리 없는 새들은 무엇으로 씨앗을 나를까요.
입을 맞출 때마다 생각합니다.

　단단한 것은 깨뜨리기에 좋습니다.

　붓질을 더할수록 새는 사람의 얼굴을 닮아가고

　어떤 실언은 벽을 무너뜨리기도 합니다. 벽에 난 금을 따라 손가락을 짚어보다 가장 허술해 보이는 곳에 손을 모아 속삭입니다.

　우리의 건망증 때문에 내년에도 봄이 올 거예요.

　아침에 겉옷을 챙기는 마음으로 사랑을 합니다.
저녁엔 찬 바람이 불겠지, 믿음을 가지고.

평택 안정리 양장점

잃어버린 가죽신 한 짝을 찾기 위해서
그 신에 꽃을 수놓기 위해서
기지촌에서 평생 재봉틀을 다루겠습니다.

기분,이라는 이름을 가질 거예요.

부뚜막이 포도주에 자리를 내줄 때
늘 오른쪽 왼쪽을 헷갈려
신발을 뒤집어 신곤 한다는데.

맏이가 짠 베를 둘째가 풀어놓으면
막내는 아무 날, 아무 해만큼 뼘을 재고 가위를 듭니다.
세 자매는 서로의 신발을 구분하려
앞코에 부추꽃을 수놓는다는데.

기지촌에서 나는 무엇으로 내 신발을 찾을 수 있을까.

평생 내 몫이 되어줄 신이시여,
내가 당신을 한눈에 알아볼 수 있으리라고 어떻게 확신

하셔요?

안정리, 이름도 기분 좋은 이 동네에서.
넓고 막막한 이 신발장에서.

This video is playing in picture in picture

사거리

줄지어 선 가로수

앞줄에서 신호를 기다리는 차를 향해 손을 흔드는 상상

전정

가지는 배경이 되는 하늘에 알맞게 잘린다.

낙엽이 지는 침엽수도 있다.

낙우송과 메타세쿼이아

잎과, 잎이 달린 가지 모두 어긋나기

잎과, 잎이 달린 가지 모두 마주나기

계수나무를 지나칠 때 스치는 캐러멜 냄새

서방으로 가는 쪽배

꺾꽂이

주변도 장소의 범주에 포함된다면

줄기를 잘라 새 흙에 심어도 괜찮습니다.

렌즈가 개입하지 않은 장면

카메라를 든다.

사거리

테두리가 없는 광장

가로수를 다듬는다.
오전에는 손을 잡은 아이들
정오에는 뒷짐 진 노인들
한 방향으로 걷는 호수 공원
맨 처음 이 방향으로 걷기 시작한 사람이 있겠지. 이곳은 너무 커다래서 걸어도 걸어도 풍경이 바뀌지 않는 것 같아. 둘레에서 우리가 제일 느리게 걷고 있어.

오후에는 교복을 입은 학생들
저녁에는 교복을 입지 않은 학생들
멈춰서 사진을 찍는다.
카메라를 벗어난 현실은 현실의 가장 인위적인 모습이다.*

사거리
가로수가 없다.
식물의 이름은 화분 안에 있다.
얼마나 자주 물을 주면 되나요?
당신이 묻자 주인은 당신의 집에 대해 얘기해달라고 부탁한다.

곧 장마철이 다가와요.
잠길 만큼 물을 부은 틸란지어 화분
이사를 하면 식물도 몸살을 앓아요.
여유가 생기지 않아도 돌볼 것을 찾습니다.
새로운 식물이 들어온 날엔 베란다에서도 다른 냄새가 난다.

사거리
몇 가지 조건을 통과한 수종만이 가로수가 될 수 있다.
겨울에는 해를 가리지 않도록
수목원 안의 벤치는 잘린 나무로 만든다.
주변도 내부의 범주에 포함된다면

당신은 좋은 사람입니다.
그 안에서 당신은 좋은 사람이 되었다.

* 발터 벤야민, 『기술복제시대의 예술작품/사진의 작은 역사 외』, 최성만 옮김, 길, 2007.

[1보] [9보] [12보]*

다섯 개 포도알을 하나씩 입에 넣어 굴려본다.
세 개 정도면 충분했을까.
두 개가 나머지 셋을 모두 쓸모없게 만들진 않았는지.

창틀에 송홧가루가 쌓이는 봄날.
낮은 건물만 있는 도시 외곽엔 재가 날린다.

불타는 창고
숫자가 차오르는 전광판 앞을 차지하기 위해 어깨싸움을 했다고
너는 시간이 지난 후에 우스갯소리로 말해줬다.

서른입니다, 서른하납니다, 서른셋입니다.
넷입니다, 다섯, 여섯, 일곱입니다.
여덟입니다, 여덟인 것 같습니다.
같습니다,
같습니다.

전달하는 수화기 너머로 우리는 새벽까지

열하나에 스물다섯을 더하거나
열셋에 스물셋을 더해도
상관없이 서른여섯이 되고.
끝내 서른여덟까지 차오르는 전광판 앞에서

수화기 너머로 우리는 망설인다,
망설일 것 같다.

한낮에 죽은 사람들.
두 명이 나머지 서른여섯의 휴식을 줄이진 않았는지.

다음 날과 내일은 서로 쓰임새가 다르다고 일러준다.
재가 다음 날의 것인지 내일의 것인지 알 수 없고

오늘은 다섯 개의 포도알을 차례로 입에 넣어 터뜨려본다.
이미 죽었다던 열하나와 스물다섯처럼.
나중에 찾게 된 마지막 둘처럼.

열두번째 만에 알게 된 서른여덟처럼.

* 그 한낮, 창고에서 불탄 사람은 서른여덟 명이다. 그 숫자를 확인하기까지 물류 창고 현장에 나간 기자와 취재부 사이에 수많은 통화가 오갔고, 취재부와 편집부 사이에 수많은 뜀박질이 있었다. 사망자의 숫자가 표시되는 전광판 앞에서 그는 차오르는 숫자를 실시간으로 보고했다. 서른입니다, 서른하납니다, 서른셋입니다. 넷입니다, 다섯, 여섯, 일곱입니다. 사회부장과 했을 가장 마지막 통화에서 그는 "서른여덟인 것 같습니다"라고 얘기했다. '서른여덟입니다'가 아니라 '여덟인 것 같습니다'라는 불확실한 단정. 수화기 너머로 보고를 들은 사회부장은 불같이 화를 냈다. 그런 말끝 처리가 촌각을 다투는 마감 시간에는 아무 쓸모 없는 예의차림이어서였을까. 1면 톱기사 제목에 실릴 사망자 숫자가 틀려선 안 되기 때문이었을까. 확실한 건, 서른여덟 명이나 죽었단 사실에, 그 밤 사무실에 앉아 있던 우리는 어떤 감정도 느끼지 않았다는 것이다.

 그 한낮, 불탄 창고에 죽은 사람이 몇 명인지 속보를 날렸던 그는 "너무 공감하면 안 돼"라는 말을 했다. 서른여덟 번의 죽음에 한결같이 슬퍼한다면 속보를 쓸 수 없을 테니. 그렇지만 가끔 생각한다. 서른여섯번째 사람과 서른여덟번째 사람의 죽음, 그 사이에 숫자가 무슨 상관일까. 오탈자가 무슨 잘못일까. 오히려 서른여덟이란 결말로 가는 한 단계로써 그 근처의 숫자들엔 개연성이 생겨난다. 서른여덟이란 결말에 다다르기 직전까지 한 번이라도 그 비극에 망설여본 사람이라면 '사망자가 모두 서른여덟인 것 같습니다'라고 말끝을 흐릴 것이다. 서른여섯이든 여덟이든 모두 비극이지만 그래도 조금 덜 슬픈 결말에 발이 묶일 것이다.

청진

어서 새해가 됐으면 좋겠어.
나이를 틀리게 말해도 괜찮은 추운 나날엔
안부를 묻기 위해 어떤 재난도 필요하지 않다.

거실 형광등이 꺼졌다.
어젯밤 통화했던 사람의 목소리를
오늘 밤 한 번 더 듣게 하려.

맞아, 여기도 어두워.

빛은 건물에 닿아야 자신을 알게 된다던데.*

매끄러운 거실 바닥
어둠이 유리잔에 부딪혀 깨졌다.

아기의 손톱을 잘랐던 날
비늘같이 얇아서 모르고 살을 조금 베었을 때
핏방울이 동그랗게 올라오고
아기가 울고

네가 달려와서 말했지. 놀랐겠다, 괜찮아.

앞으로 아기는 이것보다 더 크게 울게 될 거라고.

밖이 잠시 밝아지더니
천둥소리가 들렸다.

너는 투정을 부리는 아기를 안고 베란다로 나가 말했지.
내일모레엔 까끌까끌한 바람이 불 거야.

통화 속에서 풀어놓은 기억들에 너는 깜깜하도록 귀 기울였다.

너도 밤엔 손톱을 자르면 안 된다는 미신을 믿니?

내일 아침 타게 될 지하철 한 량에도
조그마한 믿음이 여럿이다.

네가 울어서 천둥이 치는 거라고

가로등 아래가 환해지려면
빛들은 빗방울에 부딪혀야 한다.

오늘 밤 간신히 찾아낸 한 조각이 있는데
이제 들려줄 수 있겠다.

* Louis Kahn, "The sun never knew how great it was until it hit the side of a building".

폐곡선으로 닫기

 조각내 깨뜨린 단검처럼. 책상을 갈라 자리를 둥그렇게 만들어봅시다. 직선은 무수한 점의 집합으로 이루어져 있습니다. 꼭짓점, 언제나 문제는 불연속점에서 시작합니다. 이제부터 문을 열고 들어오는 모든 사람을 꼭짓점이라고 불러봅시다. 오늘은 몇 각형이 되겠습니까? 우리는 많아져야 해요, 둥글어지도록. 시작해볼까요? 문 가까이에 있는 자리는 남겨둡시다.

 문이 닫히고 교실 앞의 불이 꺼진다.

 같은 높이에 있습니다. 선분은 두 점 사이를 곧게 이은 선을 말합니다. 카페에서 수어를 쓰는 사람들, 그 사이의 수많은 점입니다. 책을 읽는 시선 너머로 대화가 보였어요. 눈높이에서 분주히 손을 움직였습니다. 손동작을 점으로 잇는다면 그것은 직선이 되겠습니까, 선분이 되겠습니까.

 "제 말이 전해지지 않는 건 저한텐 평범한 일이에요."*
수어를 쓰는 사람 중 한 명의 말을 분명히 들었습니다.

한쪽으로 끝없이 뻗어 나간 선은 반직선이라 한다.

팔을 움직이며 옷감이 스칠 때, 주먹과 손바닥을 부딪칠 때, 손끝을 입술에 대었다 떼면서 '파' 하고 숨을 내뱉는 것이 모두……

"시작해볼까요?"

문이 열리고 마지막 청중이 들어왔다.

* 영화 「드라이브 마이 카」(하마구치 류스케 감독, 2021).

3부

여우의 귓바퀴

어떤 여우의 귀를 꿰매는 아침에 그는 조금 후에 일어나 따뜻한 물속에 빠져 자기의 귓불을 매만져볼 것이다. 귓바퀴에 흉터가 남아도 그 여우는 손가락으로 춤을 추는 나의 여우가 되어줄 것인가.

아름다움의 곁을 지나면 모든 것과 멀어졌다. 정강이 높이만큼 솟은 등불들이 지키는 길은 그래서 어떤 계절에도 슬프지 않은 때가 없었다.

여우는 귓바퀴가 아니라 눈썹 위로 지그자그한 흉터를 안고 왔다. 그는 여우의 눈썹을 결대로 쓰다듬다가 내가 여우를 사랑하는 까닭은 귓바퀴와 눈썹과 한 가닥의 실오라기와는 상관없음을 깨닫고 끝없는 안도를 느꼈다.

인터로킹

무릎이 아파서 잠을 잘 수가 없어.
성장기가 끝나고 몇 해를 아파했다.
승합차는 매일 무거워졌다.

언덕과 아이들이 많은 동네. 코스대로 돌아도 언제나 한 명의 아이가 남았다. 저는 주공 아파트에 살아요. 처음으로 돌아가자. 클러치페달을 밟을 땐 세게, 떼어낼 땐 천천히…… 언덕길을 오를 때 무릎에 힘이 풀리는 상상을 자주 한다. 멈춰 있는 에스컬레이터처럼

맞물려야 할 것들이 멈춰 있으면 어지러운 거지.

길가에 차를 세워 담배를 피웠다. 가로수 한 그루가 인부 세 명에 둘러싸여 있다. 갈아엎어진 도로에 나무뿌리가 보였다.

생활의 70퍼센트는 대기하고 참는 일이야.
정박으로 떨어지는 노래를 느리게 허밍하다가
왼발에 맞춰 구령을 넣는 거야.

포도와 풀의 중간 냄새가 나요. 차에서 내린 아이가 길가에 쭈그려 앉았다. 보도블록 틈새를 나뭇가지로 긁었다. 흰 돌로 된 길도 있어요. 고궁을 지나는 모퉁이를 돌면 항상 눈이 부셔요.

드물게 흰 돌로 만든 보도블록이 있다.
돌들은 어긋남으로써 빛난다.

언제나 한 명의 아이가 남았다. 집에 데려다주는 길에도 무릎이 아팠다.
언덕길을 오를 땐 위에서 수많은 사람이 쏟아져 내려오는 상상을 해요.

어디 있어요?

과실을 맺는 가지의 끝.

뒤따라오는 손을 향해 내미는 손.

거리 감각

초록은 한여름보다 채도가 낮습니다.

햇빛보다 눈을 부시게 만드는 건 바람이고요.

골목길에는 지붕이 없습니다.
손으로 담장을 짚으면서 걷는다.

이러면 꼭 미로에 갇힌 기분이 들어.
기왕이면 지붕이 없는 편이 나을 것 같아.
담장 너머로 소리가 들리면 그곳에 몇 명이 있을지 가늠해보는 거야.

버스에서 내린 아이들은 어떤 것에도 귀를 기울이지 않아요.
소풍은 방향감각을 잃게 합니다.

허브는 원래 코를 가까이 대서 향을 맡는 게 아니에요.
해설사는 이파리를 만진 손의 향을 맡아보라고 말한다.

강아지 귀 같아.
만져보면 더 보드라울 거야.
쭈그려 앉아 잎사귀를 만지자 주변으로 사람들이 모여들었다.
아이가 가리킨 식물엔 비비추 푯말이 꽂혀 있다.

수목원과 숲의 경계는 이름으로 나뉜다.

화분째로 옮길 수밖에 없어요.
식물에게도 이동감이 있습니다.
한동안 시들해진 식물은 더 밝은 곳으로 옮겨주면 됩니다.

나무에 기댄 술래는 아이들의 움직임에 귀 기울인다.

아름다운 것은 모두 멀리에 있지.
들판은 언제 꽃다발이 될까요.

아무도 요청하지 않은 꽃으로 다발을 만들어주세요.

돌아가는 버스에서 아이들은 입을 벌리고 잠이 듭니다.

일어나야지,

봄볕은 깊은 잠을 부릅니다.
자기 집 앞이라는 것도 알아채지 못할 만큼.

모과

옅은 멀미의 냄새였습니다.
지금도 오래된 자동차를 탈 때면 모과 향을 맡아요.

걱정하지 마. 뒷좌석에서 우리는 지금이 어려운 때인지도 알지 못했어요. 그저 라디오에서 나오는 빗방울과 길거리, 물감, 입김과 후회를 들으며 졸다가

공원에 도착합니다.

영원을 바라거나
순간을 기록하기 위해서 붙여진 공원의 이름.

사람에게 보폭을 맞춰 산책하는 개들. 당신이 흰 개를 볼 때마다 생각에 잠기는 걸 알고 있어요.

어쩜 이렇게 작을까, 한번 만져봐도 될까.
어리고 여린 것들 앞에선 허리를 숙이게 된다.

아파하는 흰 개 앞을 지킨 건 나였어. 우리 안에 백열전

구를 넣었다. 새벽 내내 졸다가 흰 개 아래로 작은 흰 개가 나올 때 정신을 차렸다. 흰 개는 작은 흰 개의 털을 정성스레 핥았다. 마른 수건으로 닦지도 않았는데 보송해진 작은 개들. 동이 트자 줄기가 굵은 미역으로 끓인 국에 밥을 말아 흰 개 앞에 두었다. 지친 개는 옆으로 누워 미역국을 겨우 핥아 먹었다.

생각에 잠긴 당신의 손안으로 작은 손이 들어옵니다.
분명하게 느껴지는 악력.

봉오리 맺혔을 때, 반쯤 벌어졌을 때, 만개했을 때……
그것도 아니면 봉오리째 떨어졌을 때.
사생 대회에서 학생들이 그린 목련은 제각기 다른 모습이다.

430살 된 나무래.
오래 살아온 것들 주변엔 늘 의자가 있습니다.
색연필이 나무 표피와 비슷한 색이라고 믿어집니다.

풀꽃을 꺾어서 당신의 귀에 꽂습니다.
소스라치며 머리를 털어내는 장면

나는 당신이 생각에 빠지는 순간을 금세 알아채고
그 이유는 내가 아는 이야기 안에서만 재생됩니다.

놀이공원도 체육공원도 사실은 식물 사이를 거닐게 하려는 핑계일 뿐이야. 나는 휴일을 자연 속에서 보내는 게 점점 싫어집니다.

귀갓길은 늘 햇볕에 달궈져 있습니다.
더는 차에서 모과 향이 나지 않는데 멀미는 그치지 않고

나는 당신의 어린 모습이 닳는 게 아까워서
아무것도 짐작하지 않기로 했습니다.

조계지

창밖으로 숲이 지나간다.
자꾸 밖을 내다보게 된다.
나는 실내보다 숲을 더 많이 갖고 있다.
개항장 마을에선 계단 하나를 사이에 두고
국경이 나뉜다.
과도로 나뭇가지를 자르듯
마을의 아이들은
계단의 이쪽에서 저쪽으로 뛰며 논다.
빗물도 아래로 흐르지 않고
밤이 되면 왼쪽으로 줄지은 등불들이 더 밝을지도 몰라.
실내에서 숲으로 건너가자
며칠 동안 밑으로 작은 핏덩이가 빠져나왔다.
꿈에서 탈을 쓴 내가
아이를 감싼 보자기를 안고 나타났다.
안아봐라, 아직 따뜻하다.
보자기 안에는 까맣게 탄 아이가 있었다.
이건 제 아이가 아네요, 보세요.
꼭 사랑한다고 고백해야지.
아이를 버리고 가장 먼저 든 생각이다.

초록색 절벽에서 나무를 밀면 사람으로 자라날까.
탈을 벗자
더 탈같이 생긴 맨얼굴이 나타났다.

증축

마천루를 뒤집는다면 가장 높은 건물은 어디까지 땅을 파고들까.
머리채가 솟구치고 두 뺨이 올라간다.

높은 건물은 도시 어디에서나 보인다.
촘촘한 골목을 걷다 보면 저 위에서 내려다보일 우리를 생각하게 돼.
사람들은 높은 건물을 높다는 이유로 올려다본다.
골목은 낮아서 우리도 낮게 내려앉고
올려다볼 것이 서로의 턱끝밖에 없었다.

네가 자전거를 잃어버린다면 매일 등하굣길을 함께 걸어줄 텐데. 바퀴의 자물쇠는 언제나 허술하다. 마당에 무화과나무 한 그루씩 키우는 집이 많았어. 할머니가 소리치지 않는다는 것만으로도 나는 꽤 사랑받는 아이였다. 무화과를 따 먹어도 혼나지 않는 사람은 내가 유일했다. 부드러운 과실은 딸 때부터 겁이 난다. 꽃이 없는 과실이라면서 꽃술로 가득 찬 내면. 도톰한 꽃받침을 뜯으면 이름이 자글자글하게 모여 있다. 내 이름은 가장 순진한 아이라는 뜻이라던데. 내 순진함을 그토록 바란 이유는 당신에게는 그럴 기회가 주어지지 않았기 때문입니다.* 이름은 오해로 생겨난다. 땅의 모양을 따라서 지은 집이 좋은 집이라고 할머니가 말했다. 잘 때마다 돌 때문에 등이 배겼어.

자전거를 잃어버리고 나서야 등하굣길이 실감 났다.

자글자글하게 씹히는 이름들이 입술과 혀를 따갑게 했다.
기억할 책임을 지려 네 이름 뜻을 물어본 거야.

할머니 집이 사라진 자리엔 오래된 나무 냄새가 남았다.
거친 발뒤꿈치도 부드러움을 아는 것처럼
담벼락 너머로 여린 잎이 솟아 있다.

* "순희는 '가장 순진한 소녀'라는 뜻이었어요. 엄마가 내 순진함을 그토록 바란 이유는 당신에게는 그럴 기회가 주어지지 않았기 때문입니다." 사회학자 그레이스 조의 인터뷰(박돈규 기자, 「"엄마는 양공주였지만 부끄럽지 않아… 나한테는 영웅이니까"」, 『조선일보』 2023년 8월 12일 자).

과일을 나눠 먹는 사이는 정해져 있다

더운 나라라고 자주 찬물에 밥 말아 먹는 건 아닙니다.
가이드가 오래된 시장으로 이끌었다. 대부분 튀기거나 볶은 음식입니다. 카레에 조린 닭고기, 공심채, 물고기 껍질…… 꽃도 튀겨 먹을 수 있어요. 이곳은 1년 중 제일 더운 날에 새해 맞이합니다.
작은 꽃봉오리가 봉지에 담겨 있다. 여행자는 4월에 가장 많다.

현은 내게 말보로를 사다 달라고 부탁했다.
말보로는 이 나라 말로도 말보로겠구나. 캐셔에게 어떻게 말해야 할지 생각했다. 현은 물건들을 봉지에 담았다. 마트 문이 열릴 때마다 담배 냄새와 찬 바람이 들이쳤다. 저긴 가지 말자. 사람들의 말소리. 흡연실과 가까운 자리는 항상 비어 있다. 그 의자가 가장 편하다는 걸 사람들은 모른다. 그 자리가 아니면 고백을 못 할 것 같아요. 사람들은 우리를 피해 다닙니다.

우리는 1년 중 제일 더운 날에 새해를 맞이합니다. 서로에게 물 뿌립니다. 액운 막는 풍습. 아주 큰 축제가 되었습니다. 여행자는 4월에 많습니다. 가이드는 좌판에 널린 과일 중에 잘 익은 것을 골라주었다.

선은 새벽에 일어나 내 속옷을 대신 빨아주었다.
세면대에 담긴 물이 붉어졌다.
선은 속옷을 털어 수건걸이에 널었다. 화장실에서 나와 다시 침대에 누웠다. 선은 내 자리 쪽에 수건 한 장을 깔았다.

어두운 방에서 눈을 뜨고 있으면 방의 실루엣이 선명해진다.

가이드는 시장에서 물이 담긴 봉지와 간장에 조린 반찬 몇 가지를 사 왔다. 재스민 우린 물을 앞에 두고 기도하세요. 그렇게 아이를 얻은 왕이 있었답니다. 새해가 되면 꽃 우린 물에 밥 말아 먹습니다. 며칠 지나버린 생일을 축하하는 마음으로.

숟가락에 반찬을 올려 먹었다.

밥물에 양념이 씻겼다.

가이드가 운전하는 동안 나와 선은 뒷좌석에서 부지런히 먹을 것을 앞으로 보냈다. 오래된 텀블러는 바닥 한쪽이 찌그러져 있다. 음각으로 새겨진 세이렌 문양도 살짝 벗겨졌다. 달큼한 냄새가 차에 퍼졌다. 선은 과일을 먹기 좋게 잘라 종이컵에 담았다. 끈적해진 손을 물티슈로 닦았다. 과일을 베어 물며 우리는 함께 조용해졌다.

운동회

우리 1년 만에 만났구나, 나를 기억하니?

검지로 악수를 건네자 똑같이 검지로 화답하는 손
손을 잡은 쪽으로 기울여 걷는다.

나무 서랍 문에 이름이 서툴게 적혀 있다. 거울에 비친 듯 뒤집어진 자모음. 이렇게 쓰면 어떡해. 이건 이름이 아니야. 목소리 하나. 아니야, 잘 썼는걸. 목소리 둘.

뭔가 이상해.
불편한 발을 내려다봐도 오른쪽 왼쪽 신발을 반대로 신었다는 사실을 알지 못했다.

6월을 지나는 가로수는 숱이 빼곡하다.

조금 일찍 나가야 해.
멈춰서 감탄하는 시간까지 계산해서 나섰다.

우리는 줄넘기에 구호를 붙이기로 했습니다.

하나를 하나라 부르고 둘을 둘이라 부르기.

무릎을 굽혔다가 높이 뛰는 나의 모습을 오랜만에 봅니다. 처음엔 채 두 번을 넘지 못했다가 가장 마지막엔 열 번도 넘게 뛰었어요. 내년이 되면 처음엔 열 번을 넘게 뛰다가 마지막엔 채 두 번도 넘지 못했다고 기억할 수도 있다.

너무 크게 자랄까 봐 잘라놓은 가로수들

하나 남는데 가져가실래요?
제 이름은 흔하니까요.

이제 간식이 먹고 싶어.
다리 사이에 꼭 맞게 들어오는 따뜻함과
머루 포도 한 송이를 다 먹는 상상을 하면 입술이 아립니다.

어떤 과일은 몸살을 떠올리게 하고

작별 인사로 이름을 기억해달라는 말은 너무 큰 부탁인 것 같습니다.

운동화에 부드럽게 들어가는 발뒤꿈치처럼
무릎 언저리에서 들려오는 말소리

모든 사람에겐 이름이 있잖아요.

부끄러운 이유를 말로 설명할 수 있는 나이가 될 때까지

내년에 다시 만나,
포옹을 청하진 않기로 합니다.

방학식

함께 책을 본다.
가까워진 이마
페이지 끝엔 항상 엄지손가락이 있다.

책장 넘기는 속도를 누군가 정해준 것처럼

영원히 끝나지 않을 끝말잇기처럼
세상 모든 단어로 이야기할 수 있을 것 같았다.

비 오는 날이 필요할 것 같아서 며칠째 손수건 아저씨를 기다리고 있다.

돌아가는 길은 내리막이니까 성큼성큼 갈 수 있을 거야.
배웅을 하고 한 번 더 뒤를 돌아봐줄까.
안부 인사를 약속해둔 건 아니었지만

구릉지를 세차게 내려갈 때는 땀이 흐르지 않았다.

손수건 좌판은 천막에 덮인 채 묶여 있다.

양말 파는 아저씨는 매일 좌판을 깐다.

죽일 듯이 서로에게 무관심한 아이들.
과자 봉지 하나에 신나하는 게 어색해.

내가 손에 힘을 풀어도 더 힘껏 잡아줄 줄 알았어.

열이 나는 날엔 목에서 초콜릿 향이 올라온다.
불룩해진 가방 앞주머니

작은 몸보다 앞서 언덕을 내려간다.

풍경을 흘겨보기

사실 나도 배가 불렀어.

사람들과 오래 있고 싶어서 아주 느리게, 끝까지 밥을 먹었다. 마주 앉은 사람도 천천히 밥을 먹어주길 바라면서. 그 사람이 일어나면 대각선에 앉은 사람을 바라보고. 그 사람도 일어나면 다른 테이블에 앉은 사람 앞으로 자리를 옮겼어. 나중엔 마지막 사람과 처음부터 같이 밥을 먹었다. 식판은 항상 조금 따뜻했다.

엄지와 검지 중지를 펼치면 숫자 7이야. 그 손을 어깨높이에서 상대방을 향해 건네면 일주일 뒤란 뜻. 2주 뒤를 얘기할 땐 그 동작을 두 번 반복하는 사람들도 있어.

수어에도 사투리가 있다.

자주 웃는 이유는 말을 잘 알아듣지 못해서라고 생각했어. 사실은 그냥 오랫동안 대화하고 싶어서였는데. 손으로 말을 하면 조금 더 솔직해지는 기분이다. 기도할 때 머릿속으로 목소리가 아닌 손짓을 떠올리고. 우리 동네에선 2주 뒤를 그렇게 이야기하지 않지만 알아듣지 못해도 상관없겠지.

   판화를 여러 번 겹쳐 찍어낸다.
   흰색으로 칠해진 햇빛
   푸른 강은 하얀색 덕분에 넘실거린다.

   그날 교실 창을 비추던 햇빛이 어떤 각도로 들어왔는지 기억하고 있어. 자동차 보닛을 달굴 만큼 가팔랐는지, 솜털 사이사이를 비집고 들어올 만큼 완만했는지. 사람들은 물건이 없어지면 항상 나를 먼저 추궁하곤 했다. 사라진 햇빛에 대해서라면 얼마든지 대답해줄 수 있는데.

   일어나. 내가 준비하는 동안 안방에서 자.
   잠을 깨우는 건 커튼을 걷으면 거실로 쏟아질 햇빛이겠지만.

   그 아이는 내 이름을 소리 내 부른다.

   기도할 때 목소리가 아니라 손짓을 떠올려.

나는 그 아이가 버리지 못하는 편지를 버려줄 수 있다.

누군가 나를 두드리면 덜 익은 소리가 날 것 같아.
아주 떫은 소리.

객토

풍덩풍덩 돌을 던지자.
널리 널리 퍼져라.
건너편에 앉아서

뭐를 씻는 거였지?

손등을
간질여주어라.

너도 들어와.
바다에 뛰어든 사람이 바깥의 사람에게 소리친다.
물을 튀기면서.

할머니는 염주 돌리듯
옥수수를 한 알씩 떼어냈다.
손안 가득 옥수수알을 덜어 주고

식탁이 엎어지고

너도 들어와.
방 안의 사람이 바깥의 사람에게 달려간다.
창 안으로 들이치는 노을

물 밖으로 나왔는데도
무릎이 자꾸 떠오른다.
파도로도 멀미할 수 있구나.

너는 내가 무얼 해도 재촉하지 않는구나.

지겨운 일출과
설교를 그만둔 신부와
피아노보다 소리를 예쁘게 내는 신시사이저

해상도가 낮은 필름 안에서
소금기 묻은 티셔츠 안에서
오후 4시의 꿈에서

이제 그 노래 뜻을 알 것 같아.

돗자리가 챙겨 온 바닷모래
며칠 내내 발에 밟힌다.

해발

바다는 허리까지밖에 오지 않았다.

파도가 칠 때 다리에 힘을 풀어 튜브에 매달리면 깊은 물속에 있는 것 같아. 방금까지 구름보다 높은 곳에 있었다.

노란 부표까지 나가서 파도를 기다렸다. 물속은 밀도가 높아 파도에 머리를 부딪히고…… 또 기다렸다.

수평선에서 파도가 생기는 순간을 지켜보기.
사람도 이렇게 사랑한 적이 없었다.

바닷속에 있으면 자꾸 웃게 돼.
바다에 뛰어들어서 웃은 거라고 생각했는데
바닷속에 있는 얼굴이 모두 웃는 얼굴이어서
따라 웃은 것 같다.

당신이 매달려 있는 것은 고작 공기 덩어리일 뿐이에요. 걱정 없이 웃는 맞은편 사람. 그와 손을 맞잡고 나도 걱정 없이 웃었다. 있잖아요, 사실은 오래전부터 함께 살고 있는 사람이 있어요. 지금도 그이는 나의 집에 있을 거예요.

파도에 머리가 잠길 때마다 고백했다.

수면이 계속 낮아지자 안전 요원들은 노란 부표를 잡고 더 멀리까지 나갔다. 분명 깊은 바다로 들어왔는데 아무리 걸어도 물은 무릎까지밖에 오지 않았다. 여긴 먼바다 아닌가요? 사람들은 겁 없이 부표를 따라갔다. 물속의 밀도가 더 높아지고 사람들은 하나둘 파도에 걸려 넘어졌다.

파도가 계속 생겨나고 노란 부표는 보이지 않았다.
내일이면 태풍이 온다던데
질문은 더 기억하게 만든다.

우리는 끊임없이 각자의 마음에 대해서만 이야기했다.

해루질

오늘은 무얼 해도 후회하게 될 거야.
내가 지나다니는 곳마다 햇볕이 흩어질 거라고

갈아입을 옷을 챙겨 오라는 말을 곧이곧대로 믿었어.
너에게 미운 마음이 들어서 아무런 여벌을 챙기지 않고 집을 나섰지.

간조 시간도 안 알아봤을까 봐?
물비늘로 가득한 풍경을 보면서 네가 말했다.

이렇게 고운 모랫바다 본 적 있니? 차마 호미를 댈 엄두도 내지 못했어. 작은 구멍에서 물이 뿜어져 나오는 곳을 파내면 무언가가 있다던데. 저쪽에서 환호성이 들렸다. 동죽이네, 예쁘네, 조약돌 같네, 정말 그렇네. 우리는 아직도 호미를 들고 어디부터 망가뜨려야 할지 모르고 있는데.

우리가 지나온 흙이 다 뒤집어져 있네.

어디까지 더 들어갈 수 있을까.

생각지도 못한 곳까지 걸어 들어갔다.

이제 바람이 차네.
더 오래는 못 있겠다.
네 어깨에 코를 파묻고

아직 그곳을 벗어나지 못한 사람들을 바라봤다.

저 행복도 곧 끝이 나겠구나,
그런 말 하지 말라며 조금 울었다.

물이 차오르면 다 괜찮아질 거야.
사람을 곧이곧대로 믿는 게 나의 최선이었어.

바다를 비추는 햇발이 환했다.

프로토콜

카메라에 눈을 대고 사진을 찍는 건 우리밖에 없네.
오른손으로 잡으면 저절로 셔터에 검지가 닿는다.

서로 들겠다고 떼를 썼어. 한 명씩 번갈아 들기로 하고선. 가만히 걸어 다니는 법을 잊은 것 같아. 던지거나 떨어뜨리지 않으면 아이들이 아니지.

이 장면은 인화되었다. 목에 매달린 이미지의 무게.

그냥 들고 다니면 아무도 모를 거야.
며칠 전부터 꺼내놓았다던 카메라 가방은 먼지 없이 깨끗했다.

앉으면 따뜻해지는 벤치예요.
정말 따뜻해질까, 알기 위해선 정말로 앉아보는 수밖에.

셔터를 누르면 일정한 순서로 나타나는 대여섯 개의 풍경. 뭐 사 갈까, 물어보면 항상 같은 물건을 대답했다. 너는 똑같은 장난감도 지겨워하지 않았지. 진짜 카메라를 가졌다 해도 할 줄 아는 건 셔터를 누르는 게 전부였을 텐데.

  이건 마셔도 잠이 잘 오는 커피예요.
  정말 그럴까, 밤이 오기까지 기다려보는 수밖에.

  달력을 여러 개 사서 날마다 동그라미를 칠 수 있다면

  꽃다발이 졸업장에 가려진다.
  둘 다 잘 보이게 들어봐.

  사진은 파인더에 보이는 것보다 머리 위가 더 높게 나옵니다.
  살짝 내린 카메라의 각도.

  저쪽에 가서 서봐.

  사진을 기다리는 일주일은 참 더디게 흐르지. 아이들의 손에서 필름 통은 모래와 구슬, 문구점 반지로 채워진다.

한 장소를 찍은 여러 장의 사진을 겹쳐놓으면 움직이지 않는 것들만 선명하게 보입니다.

눈앞에 있는 사람은 희미하다.

잘 구현된 당신의 상상
액자에 걸려 있다.

우전

베란다 밖을 보면 뛰어내리고 싶지.
품에 아이가 있다면 더더욱.

잠든 아이를 바닥에 내려놓을 때 가슴을 한참 붙이고 있다가 떨어뜨려야 해. 바닥에 닿는지도 모를 만큼. 손바닥 안에 전부 들어오는 작은 등허리. 진동이 진동인 것도 느끼지 못할 만큼 조심스러워도 너는 곧 헤어짐을 알아챈다.

정말 귀엽네요. 액정 속에 담긴 모습을 한 장씩 넘겨 보여준다. 눈 위로는 전부 저를 닮았어요. 크면 저를 더 닮을 것 같아요. 그런 이야기를 하는 동안에도 너는 품 안에서 자란다. 액정 속 어제의 아이와 품 안의 너는 다른 사람인 것 같고

차밭 안에 들어온 사람을 바깥의 사람이 찍어준다.
너도 들어와.
한 명이 더 들어오고
밭의 나무들은 항상 줄지어 있다.
사람이 들어가지 않으면 의미가 없다는 듯.

건강에 대한 기원.
여행한 곳의 지명.
꿈에서 본 동물과 한가득 딴 과일, 치마폭에 들어온 구렁이, 네가 대신 이뤄주었으면 하는
성탄절과 새해 첫날.

곧 버려질 이름을 놓고서도 한참을 고민했다.
이름은 우리의 생활로 들어온다.

봄비가 내리기 전에 딴 잎이래요. 처음 딴 잎에만 이름을 붙입니다. 두번째 세번째의 잎은 무엇으로 불리는지 알지 못해요. 무엇으로 불렸던 적은 있는 걸까요. 실내는 맨손을 차갑게 만들고, 손은 옅은 초록이 담긴 잔을 감싸쥔다.

나는 자주 네 표정을 따라 한다.
네가 나를 따라 하는 것일 수도 있다.
투명한 입술에서 곧 내가 나온다.

첫말을 뗄 것이다.

4부

물수제비뜨기 좋은 돌

 징검다리 앞에 얼마나 오래 앉아 있어야 발을 빠뜨리는 사람을 보게 될까. 팔꿈치로도 서로를 의지하는 법을 알고 있다. 물수제비를 잘 뜨지도 못하면서 돌을 고른다. 돌이 자라날 때까지 기다려주자. 평범한 자갈도 잘 키우면 물수제비뜨기 좋은 돌이 될 거야. 돌이 자라나는 동안 내가 할 수 있는 일을 생각해본다. 연인의 수만큼 산책로의 속도가 느려진다. 서로의 사진을 찍어주며 몸을 낮추고 더 낮춘다. 액정 속을 들여다보며 이게 너구나, 이게 나라니. 강가의 사람들은 모두 추락을 즐기는 것 같다.

외연

 거기로 가면 안 돼, 팔꿈치를 잡는다. 난간이 있는 줄 모르고 내딛는 발. 몸에 계단이 각인되어 있다. 꿈속에서도 발을 헛디디면 낙차가 선명하고, 잠은 나의 몸을 기억한다.

 앉았다가 가자, 팔꿈치를 당긴다. 뒤를 돌아보지 않아도 무릎을 꺾으면 의자에 닿을 것을 알고 있다. 모래알이 든 신발, 한 걸음 내디딜 때마다 걷고 있다는 걸 느낀다. 네가 말을 하면 벤치 등받이가 울린다. 등 뒤로 네 손이 닿자 사람의 시야가 얼마나 넓은지 알게 됐다.

 저것 좀 봐, 팔꿈치를 흔든다. 저기 매달린 게 사람처럼 보여. 사람이라 생각한 그것은 걸음을 옮길수록 사람처럼 보였다.

 신음을 내면 깨우다가 나중엔 가만히 지켜보기만 했다.

대체 가능한 사람

공원 벤치에 이름이 적혀 있다.
우리가 자주 걸었던 호숫가, 아무개를 기억하며

*

신이 의자에 앉아 있다.
그는 부뚜막을 지킨다.

올겨울 처음 꺼내 입은 코트.
단추가 헐겁게 매달려 있다.
신은 바느질을 하지 않고 외출했다.

다 해진 것은 끊어지도록 두는 것이 좋다.

이것은 부뚜막의 신이 사람들에게 전해준 첫번째 계명.

*

어느 날 의자가 자리에서 일어났습니다.

나무로 된 의자엔 가죽이 덧대어 있습니다.
영화를 볼 때는 쿠션을 안고 있어야 편합니다.

여긴 세상에서 가장 작은 집.
부스러기를 공중에 띄우는 무중력.

코트에 그어진 오래된 주름.
그는 이제 자리를 내주겠다고 했습니다.

유일무이하고 싶지 않은 의자, 떠난 자리는 차갑고
아침에 먹은 빵 부스러기가 말라 있습니다.

다 해진 것은 끊어지도록 놔두는 것이 좋습니다.

*

뒷문이 열린다.

의자는 늘 열두 개만 주어져 있다.
열셋이나 열넷이 되면
한 명이 조용히 자리에서 일어나
화로 앞 의자에 앉는다. 여기가 내 자리입니다.

역할은 의자가 점지해준다.

*

공원 벤치에 누군가 앉는다.
누군가 위에 누군가가 앉는다.

우연은 경이로움으로 오역되곤 한다.

투명도

이렇게 많은 걸 숨겨놓은 언덕이라니.

펼친 우산을 접어 옆 사람에게로 들어간다면
우리는 훨씬 많은 어깨를 망쳐버릴 텐데도.

낡고 지친 책을 건네고 새 책을 받아 든다.
우산을 씌우는 팔이 새 책을 떨어뜨리고

시멘트 발자국에도 물이 고여 있다.

언덕을 오르는 우산.
간간이 고개를 꺾어 저녁달을 바라봤다.

내일이면 눈앞에서 방이 무너질 거야.
집에 돌아가는 시간을 미루다가

목이 잠길 때까지
겪어온 사람에 대해 이야기했다.

손 위에 작은 청개구리를 올려준다.
여치나 매미여도 상관없다.

이것은 한 사람은 놀라워하고 다른 이는 사랑하는 장면이다.

윤곽

이쯤에서 미래의 연인을 만나게 되어 있다.
조금 더 추워지면 집에 초대할게요,
약속을 하고 오랫동안 집으로 향하는 길을 걸었다.
강의 머리, 허리를 지나 돌로 된 계단.

새로 찾은 안경점에선 난시가 없다고 했다.
1년 만에 꺼내본 겉옷은 솜이 다 죽어 있었다.

어머니가 죽거든 꼭 연락해주세요,
이 말에는 약속을 받지 못하고
혼자서 집으로 향하는 길을 걸었다.

눈을 감고 걸어 다닌 길은

눈을 감아야지만 찾아갈 수 있다.

너는 나의 가장 아름다운 시절을 전부 지켜봤습니다.

해설

나 여기 있고, 너 거기 있지[1]

하혁진
(문학평론가)

 나는 당신과 당신 사이에서 태어났다. 태어나 처음으로 본 것은 당신의 얼굴. 태어나 처음으로 들은 것은 당신의 목소리. 나는 알지도 못한 채 태어나 당신을 만났고, 내가 짓지도 않은 이름으로 불렸다.[2] 당신은 나를 낳았고 입혔고 먹였고 재웠다. 그리고 계절과 계절 사이 어느 날, 나 역시 당신의 이름으로 "첫말을 뗄 것이다"(「우전」). 언젠가 당신의 품을 떠나 더 많은 당신을 만날 것이고, 당신을 포함한 더 많은 당신을 떠나보낼 것이다. 때로는 당신이 나를 떠날 것이고, 가끔은 나 또한 당신을 떠날 것이다. 당신은 나에게 돌아오거나 영영 돌아오지 않을 것이고, 나도 당신에게 돌아가거나 영영 돌아가지 않을 것이다. 나

---

1 연극 「키스」(윤영선 작, 1997).
2 이소라, 「Track 9」(이소라 작사, 2008).

는 당신이 머무르기에 너무 좁거나 넓은 장소였고, 당신은 내가 머무르기에 너무 춥거나 더운 장소였다. 이제 나의 곁에는 떠난 당신과 함께 떠나간 것들이 있고, 떠난 당신과 무관하게 남겨진 것들이 있다. 남은 당신과 함께 남겨진 것들이 있고, 남은 당신과 무관하게 떠나간 것들이 있다. 다만 한 가지 변하지 않는 것은 나는 여기 있고 당신은 거기 있다는 사실이다.

이쯤에서 "한 사람의 생애를 요약하면 장소들이 남는다"라는 구절을 '한 사람의 생애를 요약하면 당신들이 남는다'라는 문장으로 슬며시 바꿔 적어본다. 나는 그 장소들을, 당신들을, 이름들을, 안부를 전할 수 있는 주소로 바꾸어야 한다. "잘 자라다 가요"라는 그 흔한 인사를 전하기 위해 단순한 정보 나열에 불과한 '주소록'을 관계의 역사를 담은 '주소력'으로 바꾸어내야 한다. 봉주연의 두번째 시집 『우리는 모두 이불에서 태어난걸요』에는 아득한 당신(들)의 이름(들)을 고유한 기억과 감정이 아로새겨진 주소로 만들기 위해 "갖은 애를 쓴 냄새가 난다". 어느새 멀어진 고향과 도무지 가까워지지 않는 타향, 조금씩 희미해지는 과거와 이별이 예정된 미래. 그 사이에 잠시나마 머무를 수 있는 현재를 마련하기 위해 "갖은 애를 쓴 냄새"[「주소력(住所歷)」]. 그 냄새를 따라 걷다 보면 나는 문득 '나'가 되기도 하고, '당신'이 되기도 하고, 평생 가본

적 없는 낯선 주소에 도착하기도 한다. 그럼에도 한 가지 변하지 않는 것이 있다면, 그것은 나는 여기 있고 당신은 거기 있다는 사실이다.

있지만 없고 없지만 있는

봉주연의 시에서 '나'와 '당신'의 엇갈림은 불가피하다. '나'는 '나'의 궤도 안에서 '나'의 속력으로, '당신'은 '당신'의 궤도 안에서 '당신'의 속력으로 끊임없이 움직이고 있기 때문이다. "존재한다는 것은 언제나 하나의 여정이며, 머묾도 그 여정을 구성하는 정서·사회·지리·정치적 기착지일 뿐이"[3]다. '나'와 '당신'은 늘 이동하는 존재이고, 서로의 존재가 그 이동을 더욱 가속하므로, '나'와 '당신'은 서로의 곁에 일시적으로 기착할 수는 있어도 영원히 정착할 수는 없다. '당신'과의 마주침은 '당신' 곁에 머무르고 싶다는 욕망을 추동하지만, 동시에 '당신' 곁에 머무를 수 없다는 결말을 내포하고 있다. 다시 말해 "이곳도 곧 떠나야 합니다"라고 말하는 봉주연의 시적 주체에게 존재의 '자리옮김(déplacement)', 즉 이사(移徙)는 필연한 운명이다. 그들에게 '집'은 단순한 '장소'가 아니다. '당신'의 흔적

---

3 클레르 마랭, 『제자리에 있다는 것』, 황은주 옮김, 에디투스, 2025, p. 10.

과 감정, '당신'과의 관계와 기억이 퇴적되는 '공간'인 집은 때때로 주체를 억압하는 감옥이 되기도 한다. 그럴 때 '나'는 "내일 현관문을 열었을 때도 오늘과 같이/이 집을 사랑하기 위하여"[「장소력(場所歷)」] '당신'이라는 정처를 떠나야 한다고 느낀다.

그렇다면 주체에게 자리옮김은 곧 '해방(dégagement)'인 것일까.[4] 제자리라고 믿었던 집을 떠나는 일이 그렇게 간단할 수는 없을 것이다. '나'는 '당신'이 있던 어제와 '당신'이 없는 오늘과 '당신'이 없을 내일 사이에서 방황한다. 어항에 갇힌 물고기는 "어항 밖 반짝이는 실내"가 "더 깨끗한 물일 거라고 생각했을 뿐이"지만 어항을 탈출한 물고기는 숨 쉴 수 없다. "마냥 좋을 줄 알았어요"라는 무구한 고백이 "이곳은 나를 밀어내지 않았으면 합니다"(「물고기는 알아서 한다」)라는 절박한 바람으로 바뀌는 것은 이 때문이다. 떠난 곳과 떠나온 곳 어디에도 마음 편히 머무를 수 없다는 곤경. 이것이 봉주연의 이사/이별이 맞닥뜨리는 딜레마인 것이다. "허물기에 크다면 유지하기에도 너무 크다"라는 문장은 그 역도 성립한다. 사랑하기에 너무 큰 '당신'은 이별하기에도 너무 크다. 그래서 "집을 옮기면 새로운 버릇을 만들어야 해"(「적응」)라고 말하는 봉주

---

4 같은 책, p. 13.

연의 시적 주체는 곁에 없는 '당신'의 그림자를 하염없이 더듬는다. '당신'의 부재에 적응하기 위한 외로운 팬터마임은 끝끝내 제자리를 찾지 못하는 이들의 끝없는 제자리걸음이다.

한편 이러한 딜레마 속에서, 떠난 당신과 함께 떠나간 것들 그리고 남은 당신과 함께 남겨진 것들은 상대적으로 큰 문제가 되지 않는다. 부재와 함께 부재하게 된 것들을 헤아리는 일은 '나'의 능력 밖이고, 현전과 함께 현전하게 된 것들을 헤아리는 일은 '나'의 필요 밖이다. 주체는 그것에 적응할 수 없거나, 따로 적응할 필요가 없다. 문제는 떠남과 무관하게 남겨진 것들 혹은 남음과 무관하게 떠나간 것들이다. 전자의 경우 주체는 부재와 무관한 '당신'의 현전을 느끼고, 후자의 경우 주체는 현전과 무관한 '당신'의 부재를 느낀다. 전자의 경우 과거(이미 벌어진 이별)가 현재를 괴롭히고, 후자의 경우 미래(아직 벌어지지 않은 이별)가 현재를 괴롭힌다. 요컨대 '나'와 '당신'은 헤어진 후에도 아직 '우리'이거나, 헤어지기 전에도 이미 '각자'다. 봉주연의 시에서 이러한 이중의 구속은 '나'와 '당신'이 속한 장소와의 관계를 통해 드러난다. 두 사람의 함께 있음은 "기적 같은 연속성의 경험이"지만, 그 안에 잠재된 "소멸과 죽음" "의심과 망각의" 예감까지 떨칠 수는 없다. "연인들의 장소는 축적되지도 않고, 지속되지도 않으며,

무한하지도 않다." 애석하게도 "연인들의 장소는 언제나 실패의 장소이다".[5]

맞은편으로 사람이 오자
우리는 한 줄을 만들었다.

강가에 흰 새가 잠들어 있다.
수풀 속에서 풀벌레 소리가 들린다.
손목시계가 멈춰 있다.

올려 묶은 머리
네 뒷목의 제비초리를 본다.

옛사람들에게 인형극은 덜미였대. 덜미가 잡힌 인형들. 천막 뒤에서 인형을 움직이는 사람에겐 덜미가 전부였다. 관객들은 인형의 얼굴을 보겠지만 그 뒷목을 본 이는 영원히 천막 뒤에 감춰진 사람이 되고 싶어진다.

인형극이 끝나고 사람들은 마음을 둥글게 감아 정리하면서 서로 오래 감춰온 이야기를 꺼낸다. 그들 사이의 무언가 달라져 있고 더는 서로의 앞에선 머리를 고

---

5 이광호, 『장소의 연인들』, 문학과지성사, 2023, pp. 22~24.

쳐 묶지 않게 된다.

고백은 가슴속이 아니라 뒷목에 담겨 있다.

가로등이 켜지는 순간 사람들은 짧게 탄식했다.
저녁의 정체를 밝혀냈다는 듯.

수풀 속에서 계속 풀벌레 소리가 들린다. 나는 그 소리가 좋고
너는 꼭 벌레가 튀어나올 것만 같다고 무서워한다.

맞은편으로 사람이 지나가고
우리는 다시 나란히 걷는다.

녹슨 농구대 옆
전광판에는 시간도 표시된다.

각자의 집으로 향하는 갈림길이 가까워졌다.
———「덜미」 전문

"우리"로 시작해 "각자"로 끝나는 시다. 시에는 '너'와 '나'를 '우리'라고 믿는 두 사람이 등장한다. 평온한 일상의 풍경 속에서 그들의 지금은 영원할 것만 같다("손목시

계가 멈춰 있다"). 그러나 예기치 않은 타자의 등장과 함께 두 사람의 현재는 속절없이 무너진다. 맞은편에서 걸어오는 사람에게 길을 비켜주기 위해 한 줄로 섰을 때 '나'가 "네 뒷목의 제비초리를 본" 것이 화근이다. 이때의 뒷목은 단순한 신체가 아니다. 뒷목은 덜미고, 덜미는 진실의 처소다. 특히 인형극 이야기는 덜미가 상징하는 바를 더욱 부각하는데, 관객들이 인형의 얼굴을 볼 때 인형을 움직이는 사람들은 인형의 덜미를 본다는 것이 핵심이다. 무대에 감춰진 이면을 아는 그들은 각자의 진실을 들키지 않기 위해 "영원히 천막 뒤에 감춰진 사람이 되고 싶어진다". 덜미에는 무언가를 달라지게 하는 힘이 담겨 있다는 것을 알기에 "더는 서로의 앞에선 머리를 고쳐 묶지 않게 된다". 그들은 진실을 은폐하는 한에서만 유지되는 관계가 있다는 사실을 몸소 배워 알고 있다.

따라서 "고백은 가슴속이 아니라 뒷목에 담겨 있다"라는 아름다운 진술이 암시하는 것은 사랑이 아니라 이별이다. '나'는 '너'의 덜미에서 이별의 기미를 느낀다. 이어지는 장면에서 "가로등이 켜지는 순간 사람들"이 탄식하는 이유 역시 그 빛이 모른 체하고 싶었던 "저녁의 정체를 밝"히기 때문이다. 결국 시의 후반부에서 '너'와 '나'는 같은 소리를 다르게 들음으로써 결정적으로 어긋난다. '너'와 '나'는 보이지 않는 곳에서 들려오는 "풀벌레 소리"를 전혀 다르게 감각하는데, 중요한 것은 이러한 감각의 차럼, "형태를 지탱하는 부재(不在)"처럼 여전히 같은 공간 안에 머무르고 있다고 느낀다. 그래서 '당신'이 없는 식탁에는 역설적으로 '당신'이 가득하다. '나'는 과거와 미래 그리고 지금 여기 '없는 당신'이 둘러앉아 대화를 나누는 장면을 우두커니 바라본다.

다시 말해 '나'는 '당신'과의 현재를 '~라면'이라는 가정법의 형태로만 그릴 수 있다는 사실을 알면서도 '당신'의 기척을 느낀다. '나'는 '당신'이 없는 자리에서 '당신'과의 기억을 만드는 것이 "거짓을 쌓아가는" 일이라는 것을 알지만, "너에 대한 비밀을 다른 이와 만들어"내는 것이 '당신'에 대한 "배신이"라는 것을 알지만, '당신'에 관한 가정과 상상을 멈추지 않는다. 요컨대 이 시의 '너'는 이미 '나'의 곁에 없지만, '나'는 아직 '너'의 있음을 느낀다. 그렇다면 부재하는 '당신'의 현전, 그 유령에 붙들린 '나'는 어떻게 구원될 수 있을까. 유일한 방법은 "영원히 꺼져버리는 것"이다. '나'는 '당신' 곁에 영원히 머무를 수 없지만, '당신' 곁에서 영원히 사라질 수는 있으므로, 영원의 유일한 가능태는 소멸뿐이다. 「덜미」에서 가로등의 점등이 영원할 것 같았던 현재를 무너뜨리고 아직 벌어지지 않은 미래의 이별을 비췄다면, 「내밀의 빛」에서 전등의 소등은 불가능한 현재를 어둠 속에 빠뜨림으로써 이미 벌어진 과거의 이별을 지운다. 이렇듯 봉주연의 시에서 현재는 과거와 미래라는 이중의 구속 안에 존재한다. 일어난 이별과 일어날 이별 사이에서 현재는 불안하고 위태롭다.

나선형 계단

 그렇다면 현재란 지워지지 않는 과거의 기억에 붙들리고 떨쳐지지 않는 미래의 예감에 시달리는 연약한 시간에 불과한 것일까. 찰나의 사랑에 머무르거나 영원한 이별로 사라질 수밖에 없는 불안하고 위태로운 장소인 것일까. 이쯤에서 현재가 '행함(le faire)의 장(場)'이라는 사실을 떠올릴 필요가 있다. 기실 인간은 자신에게 전수된 (것으로 보이는) 과거나 할당된 (것으로 보이는) 미래로 정의할 수 있는 존재가 아니다. 인간은 "자신의 세계에 대한 모험, 자신의 행동을 통해서 정의된다".[6] 그런 점에서 현재는 인간이 삶을 '살아낼 수 있는' 유일한 시간이자 장소이다. 그것이 과거에 관한 전언이든 미래에 관한 예언이든 '천사의 음성'[7]을 듣고 이해하고 해석하는 것은 언제나 '지금 여기의 나'다. 내가 직접 겪어내지 않는다면 삶은 아무것도 아

---

6 피에르 테브나즈, 『현상학이란 무엇인가』, 김동규 옮김, 그린비, 2011, p. 85. 이 책에서 테브나즈는 사르트르의 철학을 경유해 "행동이 곧 존재다operari=esse"(p. 80)라고 선언한다.

7 "만약 어떤 음성이 나에게 전해진다면, 이때 그 음성이 천사의 목소리라고 결정할 사람은 언제나 나 자신입니다"(장 폴 사르트르, 『실존주의는 휴머니즘이다』, 박정태 옮김, 이학사, 2008, p. 40).

니다. 당신과의 만남도 이별도 모두 이 행함 속에서 벌어지는 사건이다. 도감 속의 이름을 알고 있는 것과 현실에서 그것을 알아보는 일은 전혀 다른 문제이다. 삶은 앎이 아니라 실천이고, 실천은 현재의 선택과 움직임 속에서만 발생한다.

이와 같은 인식은 봉주연의 시에도 고스란히 드러난다. 봉주연의 시적 주체는 "삶 외에 다른 선택지가 없다"(「우리가 가까이 산다면 수박을 반 덩이씩 나눠 가질 수 있을 텐데」)는 사실을 겸허히, 그러나 체념 없이 받아들인다. 그들은 이중의 구속 속에 있는 현재의 한계를 인정하지만, 그에 지지는 않는다. 그들은 오히려 있는 힘껏 감각을 열어 현재를 더 깊고 넓은 시간과 장소로 확장한다. "오른쪽으로 치우쳤다가 왼쪽으로 기울고, 그럴 때마다 옆에 앉은 사람에게 몸을 기댄다"(「야영장 설계 도면」)는 묘사처럼, 그들은 온몸으로 현재를 통과하며 자신만의 지도를 그려간다. 그래서 봉주연의 시에서는 언뜻 보기에 비슷해 보이는 것들도 주체의 감각을 거쳐 전혀 다른 세부를 갖게 된다. "주변도 장소의 범주에 포함된다면"(「This video is playing in picture in picture」) 같은 풍경도 그것을 보고 듣고 느끼는 '나'에 따라 전혀 다른 장면이 될 수 있는 것이다. 그들은 시작과 끝이 정해진 폐곡선 안에 무수한 꼭짓점을 남기듯 현재를 살아낸다. 그들에게는 사랑도 이별도

앎의 대상이 아니라 삶의 일부다. 그것들을 미리 알고 있다 하더라도, 그것들이 진정한 삶의 일부가 되기 위해서는 예정된 장소에 "앉아보는 **수밖에**", 예정된 시간을 "기다려보는 **수밖에**"(「프로토콜」, 강조는 인용자) 없다.

해상도가 낮은 빗줄기에도 유리창엔 자국이 남는다.

여름은 주머니가 없고

벽은 경관을 끌어들인다.

걷는 방향을 결정짓는 건 목적지가 아닌 것 같아. 벽을 따라서 걷는 것뿐입니다. 벽은 풍경을 전부 보여주지 않는 방식으로 우리를 인도합니다.

끝이 보이지 않는 하얀 시위대.
모퉁이를 돌면 소음이 줄어든다.

흰 벽 너머로 펼쳐지는 숲. 호수는 언제 안으로 들어올까요. 액자에 담지 않을 풍경을 먼저 정해볼까요. 모든 나무가 바람을 막을 수 있는 건 아니니까. 햇빛을 받은 벽은 오후가 될수록 자라납니다. 모퉁이 안으로 들어가는 흰색 기둥.

이렇게 보니까 이상하네.
머리 위로 솟은 담장을 올려다본다.
경관을 휘감는 넝쿨
빛은 벽에 부딪히는 방식으로 모퉁이를 돌았다.

풍경화가 상상으로 그려졌다는 걸 알면 실망할 건가요.
사랑하는 사람에게 항상 같은 질문을 했어.
아이가 깨끗하게 쓴 장난감처럼

물려주기 좋은 풍경
뒤편에서 들려온다.

템포는 좀 맞나요?
우리가 가장 오래 지켜본 건 서로의 관람 속력이었다.

이렇게나 여러 번 방향을 트는데도 길을 잃는 사람이 아무도 없는 건축물 안에서

오늘은 길을 헤매지 않을 자신이 있어.
모퉁이를 돈다.

전시회에선 왔던 길을 되돌아가면 끝났다는 기분이

들어요.

돌아가는 길에는 시위대가 없지 않았나요?
단지 소음이 모퉁이를 돌지 못한 것일 수도 있습니다.

좋은 향기에 뒤를 돌아보면 항상 보라색 꽃이 있고
역은 성립하지 않는다.

—「미술관 관람 속력」 전문

 이 시에서 "풍경을 전부 보여주지 않는" 벽은 관람객의 경로를 제한하는 장애물인 동시에 방향을 제시하는 나침반이다. 벽은 미술관의 질서를 구축하는 한편 공간 너머에 감춰진 것들을 상상하게 한다. 예컨대 시 속의 '우리'는 "벽을 따라서 걷"기에 "여러 번 방향을 트는데도 길을 잃"지 않는다. 그러나 그와 동시에 그들의 감각은 "액자에 담지 않을 풍경", 즉 프레임의 바깥을 향해 열려 있다. '우리'는 걷고 보고 듣는 행위를 통해 공간 안에 있으면서도 그곳의 질서를 초과하는 경계 너머의 존재들을 감각한다. 이때 가장 중요한 경험은 "우리가 가장 오래 지켜본 건 서로의 관람 속력이었다"라는 진술 속에 담겨 있다. 어쩌면 관람의 핵심은 정해진 경로를 따라 작품을 감상하는 데에 있는 것이 아니라 예기치 않은 방향에서 마주하게 되는 타자의 템포, 즉 서로의 관람 속력을 감각하는 데에 있을

지도 모른다. 반복건대 현재는 감각의 장이다. 감각은 언제나 실재를 동반하지만 실재가 언제나 감각을 동반하는 것은 아니기에("좋은 향기에 뒤를 돌아보면 항상 보라색 꽃이 있고/역은 성립하지 않는다"), 현재는 여러 한계에도 불구하고 그 순간에만 닿을 수 있는 진실을 담고 있다.

『우리는 모두 이불에서 태어난걸요』에 자주 등장하는 '나선형 계단'은 감각적 진실을 담고 있는 현재를 상징하는 이미지다. 나선형 계단은 그것을 오르내리는 주체가 끊임없이 움직여도 존재의 좌표가 변하지 않는 독특한 구조의 건축물이다. 끝이 보이지 않는 계단을 한 칸씩 오를 때마다 주체는 미세하게 틀어지고 회전하며 마치 같은 자리를 맴도는 듯한 착각에 빠지게 되고, 그로 인해 "제자리에서 방향을 바꾸는 것이 전부"라는 무력과 회의에 사로잡히기도 한다. 그러나 그것은 결코 제자리걸음이 아니다. 반복되는 현재에 과거와 미래가 틈입하며 새로운 감각들이 스며들기 때문이다. 나선형 계단은 "어느 날에는 레코드 가게가 되었다가 어느 날엔 거실이 되고, 어느 날엔 헌책방이" 될 수 있다. 또한 주체는 "사고 싶은 책을 눈에 띄지 않는 구석에 꽂아 넣"(「계단참」)[8]듯 자신만이 알아볼 수 있는 갈피를 벌어진 시간의 틈 사이에 끼워둘 수도 있다. 이러한 행위가 주체의 내면에서 벌어지는 상상에 불과하더라도, 대상에 관한 오해를 반복하는 과정에 지나지 않더라도, 봉주연의 시적 주체는 그 수행이 '나'를 '나'의 반대편으로 이끌고 '나'가 '나'의 뒷모습을 마주하게 해주리라 믿는다. 그들은 무의미한 반복처럼 보이는 나선형 계단을 오르며 현재의 의미, 즉 삶의 의미를 발견한다.

내가 이 동작을 하면 네가 그 대사를 할 거라는 약속. 그 모든 합을 잊고 있어야 합니다. 수어를 쓰는 사람들은 거짓말이 눈으로 보인다던데. 표정과 손짓, 말과 손짓이 따로 나오기도 하고. 등을 돌리고 있으면 네가 몰래 다가옵니다. 무대가 몇 번이고 반복되더라도 나를 놀라게 할 때 정말로 놀랄 수 있습니다.

지금이 아니면 밤에 산책하기 어려울 거예요. 강변을 뛰는 사람들. 속도를 줄이며 호흡을 바꿉니다. 가장 먼저 이 방향으로 걷기 시작한 사람이 누굴까요. 뒷모습이 지겨운 날엔 혼자서 반대로 걷기도 합니다. 너는 이

---

8 이 시 뒤로 곧장 이어지는 「식물 식별 의지」와 「식물 식별 능력」을 묶어 '나선형 계단 3부작'이라고 부를 수 있겠다. 두 시는 각각 '산'과 '달동네'를 통해 나선형 계단의 이미지를 축조한다. 산과 달동네는 각각 '자연'과 '도시'를 대표한다는 점에서 대조적이지만, 두 작품 모두 나선형 계단의 이미지를 경유해 비슷해 보이는 것들의 세부를 감각하게 한다는 점에서 공통적이다("올해는 매화나무와 벚나무를 구분하는 법부터 배워보자" "가을이 되면 억새와 갈대를 구분하는 법도 배워보자", 「식물 식별 의지」; "사거리를 건너 골목길로 들어설 때 몇 개의 경우의수가 생길까" "등교하는 아이들의 책가방과 신발만 보고도 전교생을 구분할 수 있어", 「식물 식별 능력」).

런 일이 흔하다고 생각하고, 나는 언제나 정말로 놀랄 수 있습니다. 이 계절에도 손이 차가울 수 있고

1년에 단 하루만 만날 수 있는 사이라면 어떤 계절을 고를 건가요. 헤어질 때 입었던 리넨 셔츠를 이듬해에도 똑같이 입고 나온 사람. 서먹하다는 듯 너를 대할 수 있습니다. 오늘의 고백이 거짓말인지 알 수 있으려면 내일이 되어야겠지. 묻고 싶은 것이 많으면 아무것도 물을 수 없습니다.

결말을 다 아는데도 몇 번을 다시 읽는 동화책. 아이들은 매번 같은 페이지에서 웃습니다. 오래 기다려온 약속 자리에 먼저 도착하고 싶지 않아요. 다시 만난다면 마주 보고 앉을지, 나란히 앉아야 할지를 두고 오랫동안 고민했습니다. 우리는 웃어야 하는 장면에서 어김없이 웃었고 각자의 집으로 돌아가는 장면에선 움직이지 않았습니다.

약속 장소에 먼저 도착한 사람. 천천히 땀이 식는 걸 느낍니다. 여전히 산책할 수 있는 밤이 며칠 남지 않았다고 생각하나요. 너의 가을과 겨울의 옷장을 알지 못합니다. 결말을 걱정하진 않습니다. 잘되든 못되든 모두 별일이 아닙니다.

이제 계단 위로 네가 올라옵니다.

나는 진심으로 놀랄 준비가 되어 있습니다.

—「해로운 장난」 전문

    요컨대 중요한 것은 약속이 아니라 "그 모든 합을 잊"는 것이다. 진실한 감정은 예행된 장면이 아니라 그것을 벗어나는 어긋남 속에서 발생한다. 시 속 화자가 "무대가 몇 번이고 반복되더라도" 매번 "정말로 놀랄 수 있"는 까닭은 지금 여기의 감각에 몰입하고 있기 때문이다. 이러한 인식은 '수어'라는 소재를 통해 더욱 강조된다. 수어는 손짓뿐 아니라 표정과 눈빛 등 다양한 비언어적 행위가 결합된 언어로, 말과 몸이 분리되지 않는 감각적·현재적 언어라는 점에서 '거짓말이 눈으로 보인다'라는 표현을 연상시킨다. 마찬가지로 봉주연의 시적 주체는 감각과 의미를 분리하지 않는 방식으로 현재라는 시간, 현재라는 장소에 몰입한다. "뒷모습이 지겨운 날엔 혼자서 반대로 걷기도 합니다"라는 구절은 주체의 행위에 따라 같은 풍경을 매번 다르게 볼 수 있음을, "결말을 다 아는데도 몇 번을 다시 읽는 동화책"이라는 구절은 주체의 태도에 따라 같은 결말을 매번 다르게 느낄 수 있음을 보여준다. 그들은 "각자의 집으로 돌아가는 장면에"서 "움직이지 않"음으로써 정해진 미래를 유예하고 불확실한 현재를 확장한다. "오늘의 고백이 거짓말인지 알 수 있으려면 내일이 되어야겠지"만, 그들은 더는 "결말을 걱정하진 않"는다. 지금 여기의 감각, 그 진실에 비하면 결과야 "잘되든 못되든 모두 별일이 아"닌 것이다.

어쩌면 이것은 고향과 타향, 과거와 미래, 사랑과 이별 사이에서 길을 잃은 사람의 소박한 믿음에 불과할지도 모른다.[9] "첫눈에 무엇을 고를지 결정했"음에도 '당신'과 함께인 현재의 풍경 밖으로 나가고 싶지 않아 "진열장 앞에서 케이크를 고르지 못해 한참을 서 있었던"(「내일은 말고 어둠만 오라」) '나'가 그랬던 것처럼, 배가 고프지 않음에도 "사람들과 오래 있고 싶어서 아주 느리게, 끝까지 밥을 먹었"(「풍경을 흘겨보기」)던 '나'가 그랬던 것처럼, 끝내 거스를 수 없는 운명 앞에 미련한 선택을 반복하고 있을 뿐인지도 모른다. 그러나 때로는 그러한 "연약한 믿음들이"[10] 삶의 정처가 되어주기도 한다. 현재에 대한 믿음은 기어코 살아낸 시간과 겪어낸 장소들이 남긴 결과이기 때문이다. 무엇보다 이러한 맹목은 시를 닮았다. 아무것도 연결

---

9 "미신迷信은 미아迷兒와 같은 한자를 쓴다. 길을 잃은 믿음. 헤매는 믿음. 정처가 없는 믿음. 무엇이라도 믿지 않으면 망망함을 견딜 수 없어서 스치는 바람에도 바람을 담는 순수함. 무엇이라도 탓하지 않으면 불행을 버틸 수 없어서 머리 위로 떨어진 작은 물방울에도 짓눌리는 연약함"(봉주연, 「나의 정처」, 『현대문학』 2024년 2월호, p. 155).
10 같은 글, 같은 쪽.

하지 않지만 길 한가운데에 있다는 사실만으로 사람들을 불러 모으는 계단처럼(「적응」), 영원을 바라거나 순간을 기록하기 위해 만들어진 공원처럼(「모과」), 시는 옅게 그러나 항상 우리 곁에 있다. 따라서 봉주연의 시는 정해진 운명이 없다는 사실을 애써 증명할 필요가 없다. 그의 시에 담긴 고유한 기억과 감정, 감각 들은 설령 정해진 운명이 있다 하더라도 변하지 않는 진실이기 때문이다.[11] 그렇게 봉주연의 '나'는 비로소 자신의 주소를 마련한다. 가장 외로운 자리에서 다시 무언가를 써 내려가기 시작한다. 그러다 보면 "공원 벤치에 누군가 앉"기도, "누군가 위에 누군가가 앉"기도 한다. 여기 있는 '나'와 거기 있는 '당신'이 마주치기도 한다. 이 새삼스러운 만남 앞에 "우연은 경이로움으로 오역되곤 한다"(「대체 가능한 사람」)라는 구절을 '경이로움은 우연으로 오역되곤 한다'라는 문장으로 슬며시 바꾸어 적는다. 아무리 생각해도 이 감각은 과거로도 미래로도 대체할 수 없는 경이이기 때문이다.

11 "실존주의는 차라리 다음과 같이 선언합니다. 신이 실존한다고 하더라도 이 실존이 결코 아무것도 바꾸지 못할 것이라고 말입니다. 이것이 바로 우리의 관점입니다. 즉 신이 실존한다고 우리가 믿는 것이 아니라, 문제는 신의 실존 여부에 대한 문제가 아니라고 우리가 생각하는 것입니다. 인간은 스스로 인간 자신을 되찾아야 하며, 또 이 세상 그 어떤 것도 인간을 인간 자신으로부터 구원하지 못한다는 것을 확신해야 합니다. 설령 인간 바로 그 자신이 신의 실존에 대한 유효한 증거라고 할지라도 말입니다"(장 폴 사르트르, 같은 책, pp. 87~88).